AF619599

(N° 243)

Collection LOUIS VALENTIN

(PREMIÈRE PARTIE)

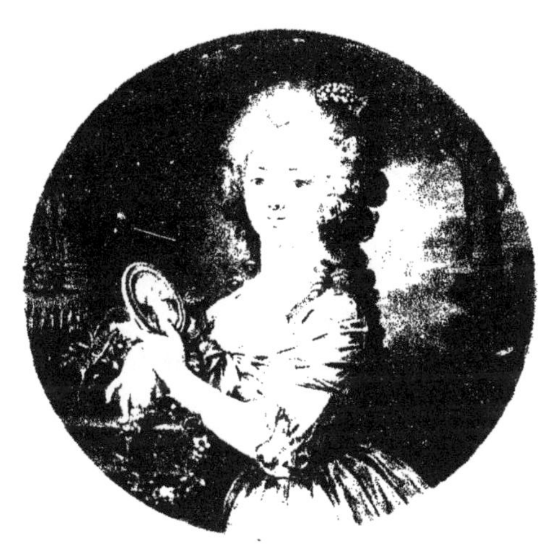

ESTAMPES

DU

XVIIIᵉ SIÈCLE

Mᵉ F. LAIR-DUBREUIL M. LOYS DELTEIL

FRAZIER-SOYE

Graveur-Imprimeur

153-155-157, Rue Montmartre

PARIS

CATALOGUE

DES

ESTAMPES

DU

XVIIIe SIÈCLE

exclusivement imprimées en couleurs

et

formant

la 1re partie de la Collection LOUIS VALENTIN

Dont la vente aura lieu

à Paris,

HOTEL DROUOT, Salles N°s 7 et 8 réunies

Les Vendredi 26 et Samedi 27 Mai 1911

à 2 heures précises

Par le Ministère de Me F. LAIR-DUBREUIL

COMMISSAIRE-PRISEUR

6, Rue Favart, 6

Assisté de M. LOYS DELTEIL, Artiste-Graveur, Expert

2, Rue des Beaux-Arts

CONDITIONS DE LA VENTE

Elle sera faite au comptant.

Les adjudicataires paieront *dix pour cent* en sus des enchères.

M. Loys Delteil remplira les commissions que voudront bien lui confier les amateurs ne pouvant y assister.

EXPOSITIONS :

Chez l'Expert, 2, rue des Beaux-Arts, du Lundi 15 au Samedi 20 Mai 1911, de 2 heures à 5 heures :

A l'Hôtel Drouot, Salles 7 et 8 réunies : **particulière,** le Mercredi 24 Mai 1911, de 2 heures à 6 heures : **publique,** le Jeudi 25 Mai 1911, de 1 heure 1/2 à 6 heures.

Entrée par la rue Grange-Batelière.

ORDRE DES VACATIONS :

Vendredi 26 Mai . . . . N° 1 à 200.

Samedi 27 Mai . . . . Nos 201 à la fin.

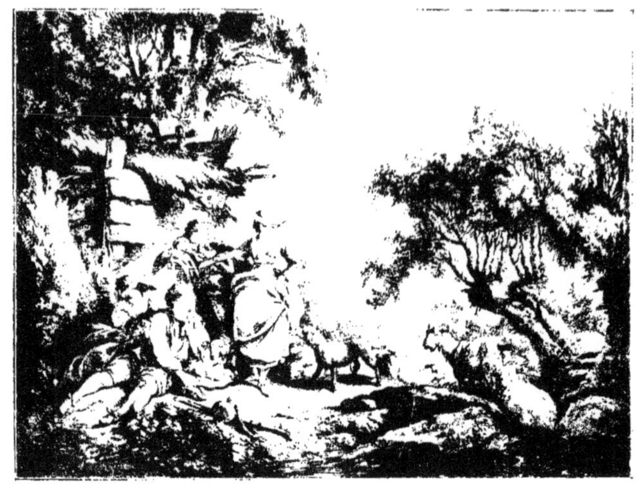

N° 154 du Catalogue.

DÉSIGNATION

ALIX (Pierre-Michel)

1. Saint-Aubin (Mme), d'après Garneray. Très belle épreuve, *imprimée en couleurs.*

2. P. L. Dubus Preville. Superbe épreuve, *imprimée en couleurs.*

3. La Lanterne magique — Le Télégraphe d'Amour. Deux pièces d'après F. Schall, se faisant pendants. Superbes épreuves, *avant toute lettre, imprimées en couleurs.*

BARBIER (d'après)

4. Nymphe sortant du Bain, par Bonnet. Magnifique épreuve, *imprimée en couleurs.*

BARTOLOZZI (Francesco)

5. *Zephire and Flore — Vertumne and Pomone.* Deux pièces d'après Ch. Coypel, se faisant pendants et à encadrement en or, dans le goût de Bonnet. Superbes épreuves, *imprimées en couleurs.*

6. *Market of love,* 1795. Très belle épreuve, *imprimée en couleurs.*

7. Euphrosine, d'après G. Amiconi. Superbe épreuve, *imprimée en couleurs.*

BAUDOUIN (d'après P. A.)

8. L'Agréable négligé, par F. Janinet (E. B. 28 A). Très belle épreuve, *avant la lettre, imprimée en couleurs.*

9. La même estampe. Très belle épreuve, *imprimée en couleurs.*

10. *J'y vais,* par L. M. Bonnet (20). Très belle épreuve du 1er état, *imprimée en couleurs.*

11. Le Rendez-Vous, par L. M. Bonnet (41). Superbe épreuve, *imprimée en couleurs,* sans marges (très petite cassure).

BAUDOUIN et HUET (d'après)

12. Le Gouter — Le Déjeuné. Deux pièces (d'une suite de quatre) par Bonnet, se faisant pendants. Superbes épreuves, *imprimées en couleurs.*

BEAUFORT (d'après J. A.)

13. Diane au bain — Vénus au bain. Deux pièces par L. M. Bonnet, se faisant pendants. Belles épreuves, *imprimées en couleurs.*

BENAZECH (Charles)

14. Le Couronnement de la Rosière — Le Prix de l'Agriculture. Deux pièces se faisant pendants. Magnifiques épreuves, *imprimées en couleurs.*

BERICOURT (d'après E.)

15. Le Point d'Honneur, par G. Orrebow. Très belle épreuve, *avant la lettre, imprimée en couleurs.*

16. Le Point d'Honneur — La Marche des petits Patriotes. Deux pièces par G. Orrebow, se faisant pendants. Très belles épreuves, *imprimées en couleurs.*

BIGG (d'après W. R.)

17. *A Lady and her Children relieving a Poor Cottager*, par J. R. Smith, 1784. Très belle épreuve, *imprimée en couleurs* et *rehaussée.*

BOILLY (d'après L.)

18. L'Amant favorisé. De forme ovale (chez Filhon et Valmont). Superbe épreuve *imprimée en couleurs.*

19. L'Amant Poëte, par J. P. Levilly. Très belle épreuve, *imprimée en couleurs.*

20. Le Cadeau délicat, par S. Tresca. Très belle épreuve, *imprimée en couleurs.*

21. La Douce Impression de l'Harmonie, par F. J. Wolff. Superbe épreuve, *imprimée en couleurs.*

22. La Douce résistance, par Tresca. Belle épreuve, *imprimée en couleurs.*

23. On la tire aujourd'hui, par S. Tresca. Très belle épreuve, *imprimée en couleurs.*

24. L'Optique, par F. Cazenave. Très belle épreuve *imprimée en couleurs* et *rehaussée* (la marge coupée au-dessus du titre).

25. *Qu'elle est gentille*, par Bonnefoy. Très belle épreuve, *imprimée en couleurs.*

26. S'il vous plaît, par Testard. Belle épreuve, *imprimée en couleurs.*

27. Avant la toilette — L'Etude de la Musique. Deux pièces par A. Legrand, se faisant pendants. Belles épreuves, *imprimées en couleurs.*

BONNET (Louis Marin)

28. Les Grâces enchaînées par l'Amour, d'après J. B. Huet. Superbe épreuve, *imprimée en couleurs.*

29. Tête de Flore (Mme de Pompadour ou Mme Baudouin), d'après F. Boucher, 1769. Magnifique épreuve à toutes marges, *imprimée à l'imitation de pastel.*

30. Mlle Coypel, d'après F. Boucher. Magnifique épreuve à toutes marges, *imprimée à l'imitation du pastel.*

31. Tête de Femme, d'après F. Boucher (no 19). Superbe épreuve, *imprimée à l'imitation du pastel.*

32. *The Milk Woman — The Woman taking Coffee.* Deux pièces se faisant pendants. Superbes épreuves, *imprimées en couleurs, avec les cadres tirés en or.*

33. *The Woman taking Coffee*, 1774. Très belle épreuve, *imprimée en couleurs avec l'encadrement en or.*

34. *Provoking fidelity*, d'après Parelle. Belle épreuve *imprimée en couleurs, avec le cadre tiré en or* (légèrement défraîchie).

35. *The Pleasures of Education*, 1777. Très belle épreuve *avant la lettre* et *avant l'encadrement*, *imprimée en couleurs.*

36. La même estampe. Superbe épreuve *imprimée en couleurs, avec le cadre tiré en or.*

37. Jeune Femme en buste, en négligé, d'après Le Clerc. Superbe épreuve *imprimée en couleurs.*

38. La même estampe. Très belle épreuve *imprimée en couleurs, avec l'encadrement tiré en or* (sans marges sur 3 côtés).

39. Femme en buste, d'après Le Clere (no 232). Belle épreuve, *imprimée en couleurs, avec l'encadrement doré.*

40. La Musique — La Danse. Deux pièces se faisant pendants. Très belles épreuves, *imprimées en couleurs.*

41. La Promesse de Fidélité — Les Engagements réciproques. Deux pièces se faisant pendants. Très belles épreuves, *imprimées en couleurs.*

42. Le Bain — La Toilette. Deux pièces, d'après Jollain, se faisant pendants. Très belles épreuves *imprimées en couleurs.*

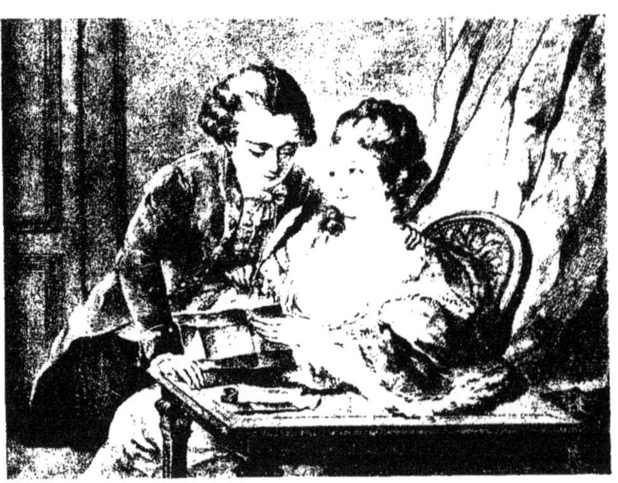

N° 45 du Catalogue

43. L'Image de la Beauté — L'Image de la Frivolité. Deux pièces d'après Angelica Kauffman, se faisant pendants. Très belles épreuves, *imprimées en couleurs.*

44. Le Matin, d'après J. B. Huet. Superbe épreuve, *imprimée en couleurs* (sans marges).

45. La Douce Illusion, par L. M. Bonnet. Très belle épreuve, *imprimée en couleurs.*

46. Sujets galants. Deux pièces se faisant pendants. Très belles épreuves, *imprimées en couleurs* (sans marges).

BONNET — LEVACHEZ

47. Vases et Bouquets de Fleurs. Six pièces. Très belles épreuves, *imprimées en couleurs.*

BONNET (L. M.) — JUBIER

48. La Confidence — La Méfiance. Deux pièces, d'après Bounieu, se faisant pendants. Superbes épreuves, *imprimées en couleurs.*

49. Étude d'animaux — La Petite Pêche — Vue des Environs de Coulanges — Vue des environs de Dantzick. Quatre pièces *imprimées en couleurs.*

BOREL (d'après Antoine)

50. Le Charlatan, par J. A. Léveillé. Très belle épreuve (sans marges).

51. Les Engeoleurs. Belle épreuve *imprimée en couleurs*, avec rehauts (petites épidermures).

52. Le Bourgeois maltraité — Le Paysan mécontent. Deux pièces par J. B. Morret, se faisant pendants. Très belles épreuves, *imprimées en couleurs.*

BOUCHER (d'après François)

53. Vénus carressée par l'Amour. Très belle épreuve, *tirée en 3 tons* (sans marges sur 3 côtés).

54. Vénus à sa toilette, par Bonnet. Très belle épreuve, *imprimée en couleurs.*

55. Vénus et l'Amour, par Bonnet. Très belle épreuve *tirée en trois tons.*

56. Vénus et l'Amour, par Bonnet, 1767. Très belle épreuve *tirée en 2 tons.*

57. Baigneuse, par Bonnet, 1768. Très belle épreuve *tirée en 3 tons.*

58. Jeune Femme en buste, une rose au corsage, une autre rose dans les cheveux, par Demarteau. Superbe épreuve, *imprimée en couleurs.*

59. Jeune Femme en buste, par L. M. Bonnet. Superbe épreuve *tirée en 2 tons*.

60. La même estampe. Superbe épreuve *tirée à l'imitation du pastel* (l'intérieur de l'encadrement teinté à l'aquarelle en bleu).

61. Buste de Femme, par L.-M. Bonnet (n° 20). Très belle épreuve, *tirée en tons*.

62. Jeune Femme au voile, par Demarteau (n° 156). Très belle épreuve, *tirée en plusieurs tons* (sans marges).

BOUCHER et HUET (d'après)

63. Jupiter et Léda — Nymphes et Amours. Deux pièces, par J.-A. Léveillé, se faisant pendants. Très belles épreuves, *imprimées en couleurs* (petites marges).

BOUNIEU (d'après Michel-Honoré)

64. L'Espoir d'un Heureux Jour — Les Revers de la Fortune. Deux pièces, par L. M. Bonnet, se faisant pendants. Très belles épreuves *imprimées en couleurs* (petites taches à une pl.).

CAMPION

65. Le Prince Lambesc aux Tuileries. Superbe épreuve, *imprimée en couleurs*.

66. Vue du Champ de Mars, le 12 juillet 1789. Superbe épreuve, *imprimée en couleurs*.

67. Prise d'Armes aux Invalides. Superbe épreuve, *imprimée en couleurs*.

68. Prise de la Bastille — Démolition de la Bastille. Deux pièces se faisant pendants. Superbes épreuves, *imprimées en couleurs*.

CARESME (d'après Philippe)

69. L'Agréable Exemple — L'Agréable Surprise. Deux pièces, par Jubier, se faisant pendants. Belles épreuves, *imprimées en couleurs*.

70. Le Berger couronné — La Bergère couronnée. Deux pièces, gravées sous la direction de Janinet, se faisant pendants. Belles épreuves, *imprimées en couleurs* (la seconde manque un peu de conservation).

71. La Danse champêtre, par Wossinik. Deux très belles épreuves, *imprimées en couleurs* (une *avant la lettre*).

72. La petite Thérèse, par J. Couché. Superbe épreuve, *imprimée en couleurs*, à toutes marges.

73. Les Plaisirs bachiques, par L.-M. Bonnet. Belle épreuve, *tirée en 2 tons*.

74. Les Plaisirs champêtres, par Wossinik. Deux très belles épreuves, *imprimées en couleurs* (une sans marges).

75. Le Réveil du Carlin, par Carrée. Très belle épreuve, *imprimée en couleurs*.

CARESME et HUET (d'après)

76. Le Marchand d'orviétan de campagne — La Troupe ambulante des rues de Paris. Deux pièces, par L.-M. Bonnet, se faisant pendants. Très belles épreuves, *imprimées en couleurs*.

CARRIERA et BARTOLOZZI (d'après Rosalba)

77. *Musik*, par A. Sintzenich, 1783 — Hébé, 1778. Deux pièces. Superbes épreuves, *imprimées en couleurs*.

CHALLE (d'après Michel-Ange)

78. Le Portrait chery, par Bonnet. Superbe épreuve, *imprimée en couleurs*.

79. L'Apres Midy, par Bonnet. Très belle épreuve, *imprimée en couleurs*. On y a joint une épreuve du 1er état, soit deux pièces.

CHALLE et HUET (d'après)

80. Les Heures du Jour. Suite de quatre pièces, par Bonnet. Très belles épreuves, *imprimées en couleurs*.

CHALLIOU (à Paris, chez)

81. Le Repos de Vénus. Superbe épreuve, *imprimée en couleurs.*

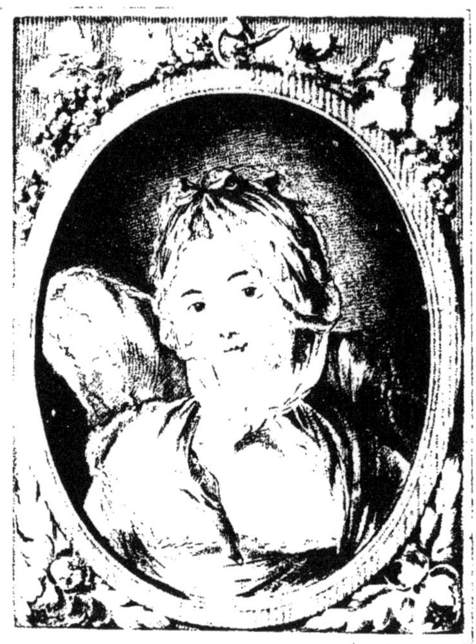

N° 57 du Catalogue.

CHEVAUX (d'après)

82. La bonne Maman — La bonne Nourrice. Deux pièces, par Pitou, se faisant pendants. Belles épreuves, *imprimées en couleurs.*

83. La Bonne Ruse, par Bonnet. Très belle épreuve, *imprimée en couleurs.*

84. Les deux Sœurs — Les deux Amies. Deux pièces, par Mote, se faisant pendants. Très belles épreuves, la première, *avant toute lettre, imprimées en couleurs.*

85. L'Entreprenant, par Mlle Legrand. Très belle épreuve, *imprimée en couleurs.*

86. La Fidélité — Le Joli nid. Deux pièces, par Bonnet. Très belles épreuves, *imprimées en couleurs.*

87. L'Oiseau chéri — L'Oiseau privé. Deux pièces, par Pilon, se faisant pendants. Très belles épreuves, *imprimées en couleurs.*

88. L'Oiseau privé — Le Dénicheur. Deux pièces, par Mote, se faisant pendants. Belles épreuves, *imprimées en couleurs* (petite restauration à une pl.).

89. Le Repos, par J.-B. Louvion. Très belle épreuve, *imprimée en couleurs.*

90. Le Secours urgent — Le Traître découvert. Deux pièces, par L.-M. Bonnet, se faisant pendants. Très belles épreuves, *imprimées en couleurs.*

CIPRIANI (d'après G.-B.)

91. *Venus surrounded by Cupids*, par F. Bartolozzi. Très belle épreuve, *imprimée en couleurs.*

92. *Ne dérangez pas le monde*, par Bartolonii. Très belle épreuve, *imprimée en couleurs.*

CIVIL (à Paris, chez)

93. Sujets gracieux. Deux pièces de forme ovale, se faisant pendants. Très belles épreuves, *imprimées en couleurs.*

COLINET

94. Caroline de Lichtfield. Belle épreuve, *imprimée en couleurs.*

DAVESNE (d'après P.)

95. Les Cerises — Les Prunes. Deux pièces de forme ovale, par G. Vidal, se faisant pendants. Superbes épreuves, *imprimées en couleurs.*

96. Les Prunes, par G. Vidal. Superbe épreuve, *imprimée en couleurs.*

DEBUCOURT (Philibert-Louis)

97. Les deux Baisers, 1786 (M. Fenaille, 7). Très belle épreuve, *imprimée en couleurs.*

98. Le Menuet de la Mariée, 1786 (8). Très belle épreuve du 1er tirage, *avant* les retouches, *imprimée en couleurs.*

99. Promenade de la Galerie du Palais-Royal, 1787 (11). Superbe épreuve, *imprimée en couleurs*, du 1er tirage, *avant la correction* au mot : Imprimé.

100. Heur et malheur ou la cruche cassée — L'Escalade ou les adieux du matin (12-13). Deux pièces, se faisant pendants. Très belles épreuves, *imprimées en couleurs* (petites restaurations aux marges de la 1re pièce).

101. Le Compliment ou la Matinée du Jour de l'An — Les Bouquets ou la Fête de Grand-Maman (15-16). Deux pièces, se faisant pendants. Superbes épreuves, *imprimées en couleurs*, du 1er tirage, *avant le second point*, à la suite de la date.

102. La Rose — La Main, 1788 (17-18). Deux pièces, se faisant pendants. Superbes épreuves, *imprimées en couleurs*, du 1er tirage, *avant le second point à la suite du nom de l'artiste.*

103. Annette et Lubin, 1789 (22). Très belle épreuve, *imprimée en couleurs.*

104. La Promenade Publique (33). Superbe épreuve, *imprimée en couleurs.*

105. Barrière des Champs-Elysées (207). Très belle épreuve, *avant la lettre, imprimée en couleurs.*

DEMACHY (d'après)

106. Environs de Rome. Deux pièces de forme ronde, par C.-M. Descourtis, se faisant pendants. Magnifiques épreuves, *imprimées en couleurs.*

DEMARTEAU (Gilles)

107. Buste de Jeune Femme, d'après F. Boucher (n° 151). Très belle épreuve, *tirée en 3 tons.*

108. Deux Amours, d'après F. Boucher (n° 153). Très belle épreuve, *tirée en 3 tons* (sans marges).

109. Jeune Fille en buste — Le Jeune Dessinateur (nos 187-188). Deux pièces, d'après F. Boucher, se faisant pendants. Très belles épreuves, *tirées en 3 tons.*

110. Tête de femme, d'après F. Boucher (n° 217). Très belle épreuve, *tirée en plusieurs tons.*

111. Jeune Fille lisant, d'après F. Boucher (n° 218). Superbe épreuve, *imprimée en plusieurs tons.*

112. Les Grâces et l'Amour, d'après F. Boucher (n° 347). Très belle épreuve, *tirée en 3 tons.*

113. Vénus couronnée par les Amours — Vénus désarmée par les Amours. Deux pièces, d'après F. Boucher (nos 378-379), se faisant pendants. Belles épreuves, *tirées en 2 tons.*

113 *bis.* Femme Russe — Jeune Femme aux Fleurs (nos 384-385). Deux pièces, d'après J.-B. Le Prince, se faisant pendants. Très belles épreuves, *tirées en 2 tons.*

114. La Laitière, d'après J.-B. Huet (n° 407). Très belle épreuve, *tirée en 3 tons.*

115. Une Liseuse — Musicienne (Portraits de Mme Huet) (nos 408 et 483). Deux pièces se faisant pendants. Très belles épreuves, *tirées en 3 tons* (l'encadrement très légèrement rogné).

116. Têtes de Femmes, d'après Ant. Watteau (nos 419-420). Deux pièces se faisant pendants. Très belles épreuves, *aux trois crayons.*

117. Portrait de Femme, d'après Fredou (n° 421). Superbe épreuve, *tirée en 3 tons.*

118. Bacchantes et Amours, d'après Le Barbier aîné (nos 423-424). Deux pièces se faisant pendants. Très belles épreuves, *tirées en 3 tons.*

119. Le Plaisir innocent — Le Mouton chéri (nos 433-434). Deux pièces d'après J. B. Huet, se faisant pendants. Très belles épreuves, *tirées en 3 tons.*

120. Le Peintre, d'après Clermont (n° 440). Belle épreuve, *tirée en 3 tons.*

121. Jeune Fille en buste, d'après F. Boucher (n° 406). Très belle épreuve, *tirée en 2 tons.*

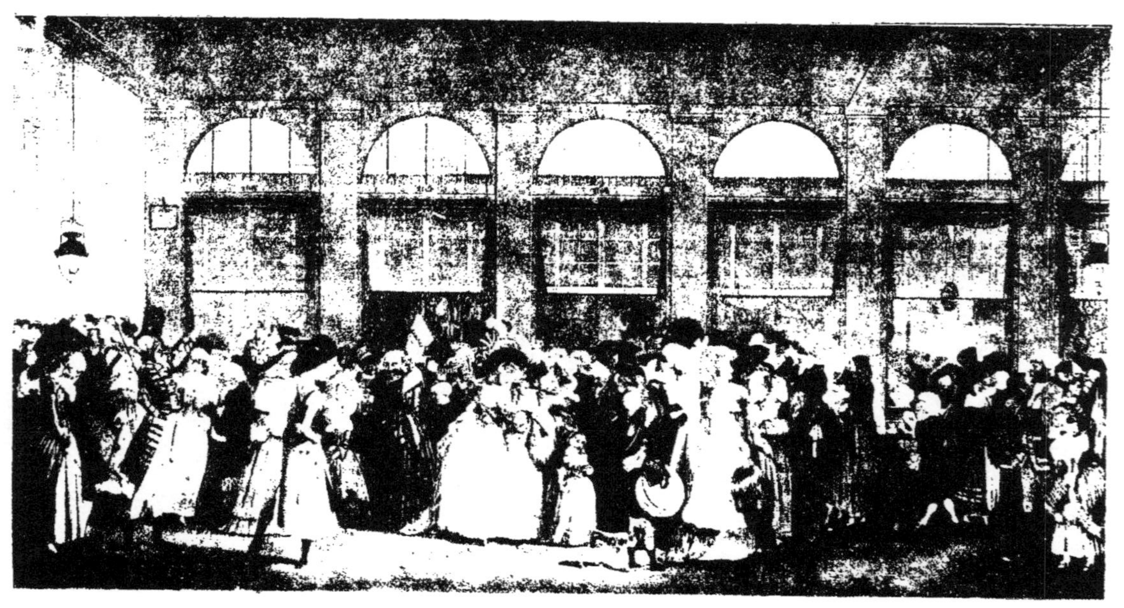

N° [illegible] du Catalogue.

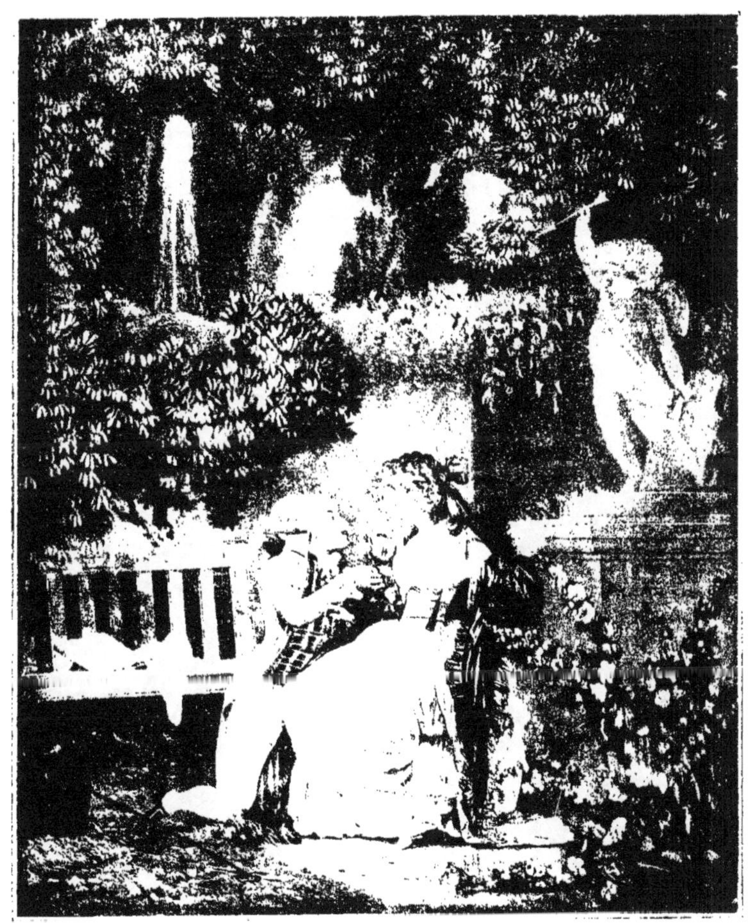

N° [illegible] du Catalogue

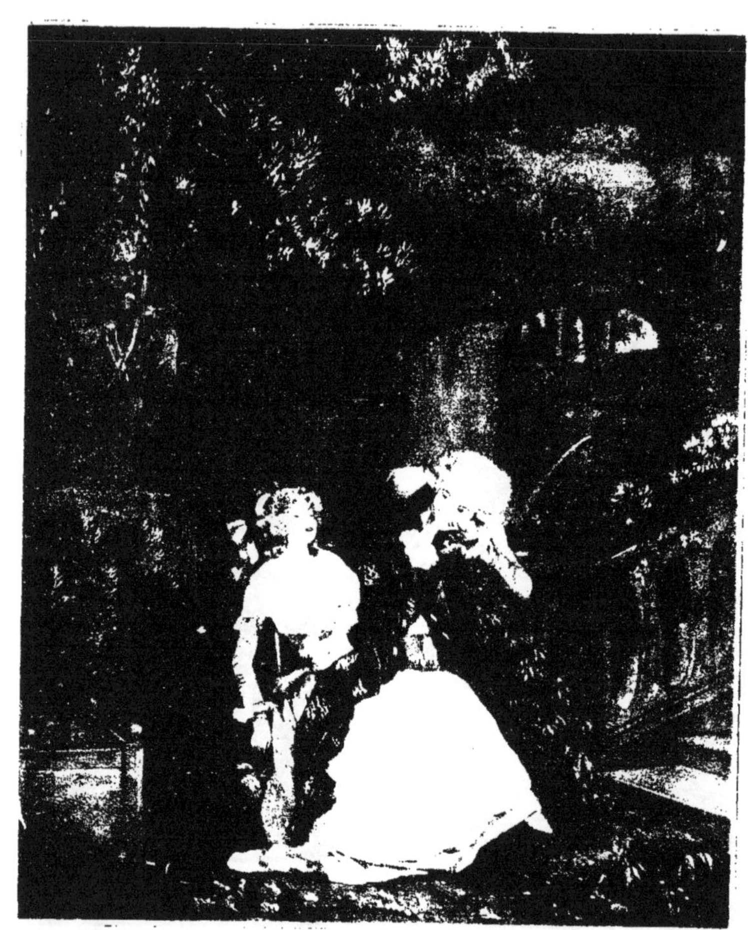

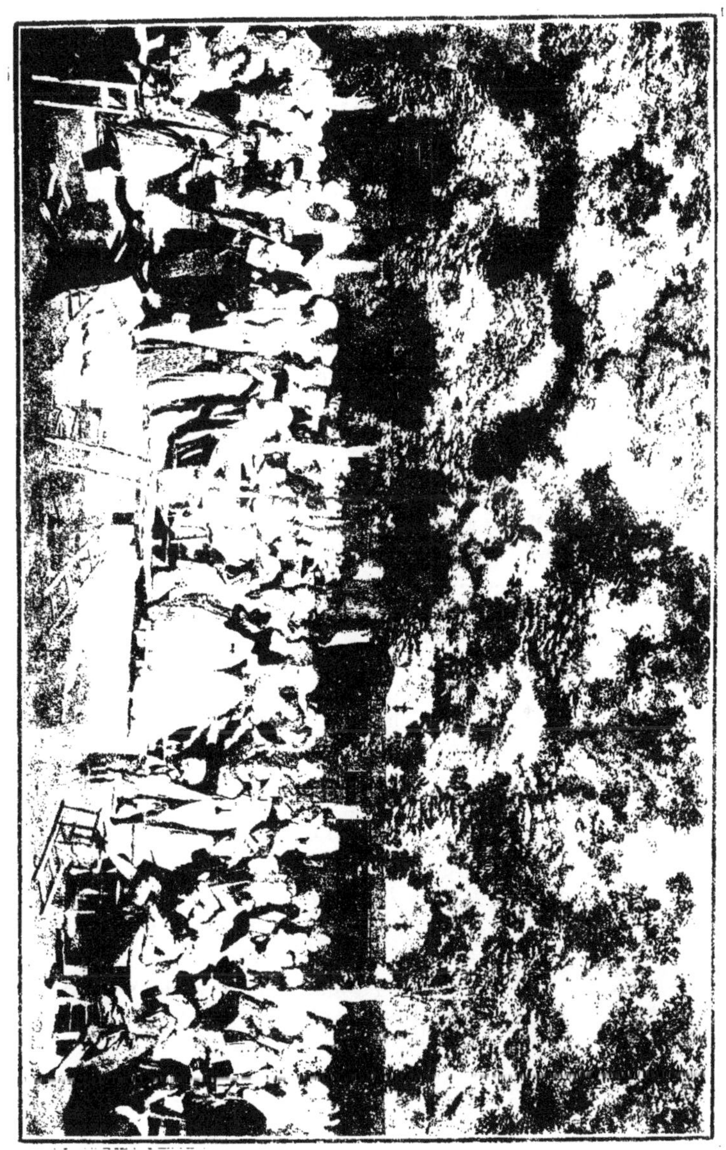

122. Léda — Erigone (n° 468-469). Deux pièces, d'après Le Barbier aîné, se faisant pendants. Très belles épreuves, *imprimées en 3 tons.*

123. La Jardinière ou Ninette (Mme Favart), d'après F. Boucher (n° 470). Très belle épreuve.

124. La Bergère, d'après J. B. Huet (n° 471). Très belle épreuve, *tirée en 3 tons.*

125. Le Satyre repoussé par l'Amour, d'après F. Boucher (n° 477). Très belle épreuve, *tirée en 2 tons.*

126. Pastorales (n° 486-487). Deux pièces d'après F. Boucher, se faisant pendants. Superbes épreuves, *tirées en 2 tons.*

127. Vénus et l'Amour, d'après F. Boucher (n° 488). Très belle épreuve, *tirée en 3 tons.*

128. Amours aux Pigeons, d'après J. B. Huet (n° 491-492). Deux pièces se faisant pendants. Belles épreuves, *tirées en 2 tons.*

129. Le Plaisir des Amours, d'après J. B. Huet (n° 504). Très belle épreuve, *tirée en 2 tons.*

130. Têtes de Femmes, d'après J. B. Huet (n° 493-494). Deux pièces se faisant pendants. Très belles épreuves, *tirées en 3 tons.*

131. L'Enfant dans le chariot à roulettes — Le Marchand de biscuits (n° 495-496). Deux pièces, d'après F. Boucher, se faisant pendants. Belles épreuves, *tirées en 2 tons.*

132. Le petit Chariot (n° 503) — Petite Paysanne et son chien (517) — L'Oiseau captif (501). Trois pièces d'après Boucher et Huet. Belles épreuves.

133. Le Petit Berger, d'après J. B. Huet (n° 508). Belle épreuve, *tirée en 3 tons.*

134. Tête de Femme, d'après F. Boucher (n° 510). Très belle épreuve, *tirée en 3 tons.*

135. Le Jeune Berger — La Jeune Bergère. Deux pièces, d'après J. B. Huet, se faisant pendants (n° 514-515). Très belles épreuves, *tirées en 3 tons.*

136. Pastorales, par Demarteau (n° 523-524). Deux pièces d'après J. B. Huet, se faisant pendants. Belles épreuves, *tirées en 3 tons.*

137. Le Satyre amoureux — Le Satyre refusé (n°s 542-543). Deux pièces d'après Ph. Caresme, se faisant pendants. Superbes épreuves, *avant toute lettre, tirées en plusieurs tons.*

138. Les mêmes estampes. Très belles épreuves.

139. Les Enfans physiciens — Le Chat chéri (n°s 544-545). Deux pièces, d'après F. Boucher, se faisant pendants. Belles épreuves, *tirées en 3 tons* (petites taches à une pl.).

140. Sujets, d'après F. Boucher (n° 550-551). Deux pièces se faisant pendants. Très belles épreuves, *imprimées en 3 tons.*

141. Académies de Femmes, d'après F. Boucher (n°s 552-553). Deux pièces se faisant pendants. Très belles épreuves. *tirées en 2 tons.*

142. Le Lion malade — Le Loup berger (n°s 564-565). Deux pièces d'après J. B. Huet, se faisant pendants. Très belles épreuves, *tirées en 3 tons.*

143. Sujets, d'après F. Boucher (n°s 566-567). Deux pièces se faisant pendants. Belles épreuves, *tirées en 3 tons.*

144. Pastorale, d'après F. Boucher (n° 568). Très belle épreuve. *tirée en 2 tons.*

145. Pastorale, d'après J. B. Huet (n° 569). Belle épreuve, *tirée en 2 tons.*

146. Jupiter et Io — Jupiter et Antiope (n°s 573-574). Deux pièces, d'après Ph. Caresme, se faisant pendants. Très belles épreuves *tirées en 3 tons.*

147. Vénus à sa toilette — Bacchante et Amour. Deux pièces, d'après F. Boucher, se faisant pendants (n°s 575-576). Très belles épreuves. *tirées en 3 tons.*

148. Pastorales, d'après J. B. Huet (n°s 585-586). Deux pièces se faisant pendants. Très belles épreuves, *imprimées en couleurs.*

149. Jeune Femme en buste, d'après J. B. Huet (n°s 588-589). Deux pièces se faisant pendants. Superbes épreuves, *imprimées en couleurs.*

150. Jeune Femme en buste, d'après J. B. Huet (n° 590). Très belle épreuve, *imprimées en couleurs.*

151. Jeune Femme en buste, d'après J. B. Huet (n° 592). Très belle épreuve, *imprimée en couleurs.*

152. Le Déjeuner du Chat — Le Passe-temps agréable. Deux pièces, d'après J. B. Huet (n° 593-594), se faisant pendants. Très belles épreuves, *imprimées en couleurs.*

153. Pastorale, d'après F. Boucher (n° 600). Belle épreuve, *imprimée en couleurs.* On y a joint une épreuve du 1er état, soit deux pièces.

154. Grandes Pastorales (n° 601-602), d'après J. B. Huet. Deux pièces se faisant pendants. Superbes épreuves, *imprimées en couleurs* (marges légèrement salies).

155. Pastorales aux Amours, d'après J. B. Huet (n° 603-604). Deux pièces se faisant pendants. Très belles épreuves, *imprimées en couleurs.*

156. Pastorales aux Amours (n° 605-606). Deux pièces d'après J. B. Huet, se faisant pendants. Très belles épreuves, *imprimées en couleurs.*

157. Grande Pastorale (n° 617), d'après J. B. Huet. Superbe épreuve, *imprimée en couleurs.*

158. Baigneuses. Deux pièces, d'après J. B. Huet (n° 618-619), se faisant pendants. Très belles épreuves, *imprimées en couleurs.*

159. Ruines, d'après Le Barbier l'aîné (n° 620-621). Deux pièces se faisant pendants. Superbes épreuves, *imprimées en couleurs.*

160. Idylles de Gessner (n° 622-623). Deux pièces, d'après Le Barbier l'aîné, se faisant pendants. Très belles épreuves, *imprimées en couleurs.*

161. Bacchanales, d'après Le Barbier l'aîné (n° 625-626). Deux pièces de forme ronde se faisant pendants. Superbes épreuves, *imprimées en couleurs.*

162. Serment d'Amour et de Fidélité — Les Fruits de l'Amour et de la Fidélité. Deux pièces d'après J. B. Huet (n° 630-631) se faisant pendants. Superbes épreuves, *imprimées en couleurs.*

163. Les Saisons, d'après J. B. Huet (nos 632-635). Suite de quatre pièces. Très belles épreuves, *imprimées en couleurs* (l'épreuve de l'Automne est sans marge).

163 *bis*. Petites Ruines, d'après P. Pernet (nos 637-638). Deux pièces de forme ovale, se faisant pendants. Superbes épreuves, *imprimées en couleurs*.

164. Ruine de l'Entrée du Colisée, près de Rome — Ruine d'un Palais de Néron, près de Rome (nos 640-641). Deux pièces, d'après J. B. Huet, se faisant pendants. Superbes épreuves.

165. Têtes diverses — Rubens. Six pièces d'après Boucher, Watteau, Huet et Vanloo (nos 148, 150, 340, 348, 374 et 375). Six pièces. Belles épreuves.

166. Jeunes Femmes en buste, d'après F. Boucher. Deux pièces. Très belles épreuves, *tirées en 3 tons*.

DESCOURTIS (Charles-Melchior)

167. Vue de la Porte St Bernard — Vue du Port St Paul. Deux pièces, d'après De Machy, se faisant pendants. Belles épreuves, *imprimées en couleurs* (restaurées).

168. Intérieur d'un Cloître de Religieux — Intérieur d'un Cloître de Religieuses. Deux pièces se faisant pendants. Très belles épreuves, *imprimées en couleurs*.

DESCOURTIS (C. M) ?

169. La Bergère des Alpes. Très belle épreuve *avant toute lettre, imprimée en couleurs*.

DESRAIS (d'après Charles-Louis)

170. Le Billet rendu — La Curieuse apperçue. Deux pièces de forme ronde, publiées par Challiou. Belles épreuves, *imprimées en couleurs*, avec rehauts.

171. Les douces Promesses, par Bonnet. Très belle épreuve, *imprimée en couleurs*.

172. Le Mari complaisant, par Mixelle. Très belle épreuve, *imprimée en couleurs*.

173. Le Moment dangereux (à Paris, chez Challiou). Superbe épreuve, *imprimée en couleurs*.

DOUBLET (d'après)

174. Ariette de Rosette — Ariette de Lucile. Deux pièces, par J. N. Boillet, se faisant pendants. Belles épreuves (la 1re *imprimée en couleurs*, petite cassure, la seconde *coloriée*).

DU BOIS DE St MARIE (d'après)

175. Le Premier Pas à la Fortune, par L. M. Bonnet. Très belle épreuve, *imprimée en couleurs*. On y a joint une épreuve du 1er état, à l'eau-forte pure, soit deux pièces.

EARLOM (Richard)

176. *A Flower Piece* — *A Fruit Piece*. Deux pièces, d'après J. Van Huysum, se faisant pendants. Belles épreuves *imprimées en couleurs*, (la 1re manquant de conservation).

ECOLES FRANÇAISE ET ANGLAISE

177. *Innocent Play* — *The Wanton Trick*. Deux petites pièces de forme ovale, se faisant pendants. Très belles épreuves, *imprimées en couleurs*.

178. L'Amour au Couvent. Deux pièces sans aucune lettre, se faisant pendants. Très belles épreuves, *imprimées en couleurs*.

178 *bis*. L'Amour au Couvent, planche au largeur. Très belle épreuve sans aucune lettre, *imprimée en couleurs*.

179. Erigone — Simplicity, par Vendramini, d'apr. Bartolozzi — Bacchanale, par le Cte de Paroy. Trois pièces. Très belles épreuves *imprimées en couleurs*.

EISEN (d'après Charles)

180. Tarquin et Lucrèce, par F. Janinet. Deux belles épreuves, *imprimées en couleurs*, une *avant la lettre*.

GAINSBOROUGH (d'après Th.)

180 *bis*. *His Royal Highness George Prince of Wales*, par J. R. Smith, 1783. Très belle épreuve, *imprimée en couleurs* et *rehaussée*.

GARDNER (d'après Daniel)

181. *Fidelity*, par Ruotte. Superbe épreuve, *imprimée en couleurs*.

GAUTHIER-DAGOTY fils

182. La Vrillière (Duc de), 1772. Superbe épreuve, *imprimée en couleurs*.

GREUZE (d'après Jean-Baptiste)

183. *The Pretty Nosegay Garle*, par L. M. Bonnet Superbe épreuve, *imprimée en couleurs, avec l'encadrement doré* (sans marges).

GUÉRIN (d'après F.)

184. *S'il y a du plaisir avec l'amour... Qu'en pensez-vous?* Deux pièces par Romain Girard, se faisant pendants. Très belles épreuves, *imprimées en couleurs*.

GUYOT (Laurent)

185. L'Oiseau apprivoisé. Petite pièce de forme ronde. Très belle épreuve, *imprimée en couleurs*, remmargée.

186. Lyme Hall, campagne du Ch[r] P. Legh — Carlshalton, château de T. H. Broadhead. Deux pièces se faisant pendants. Superbes épreuves, *imprimées en couleurs*.

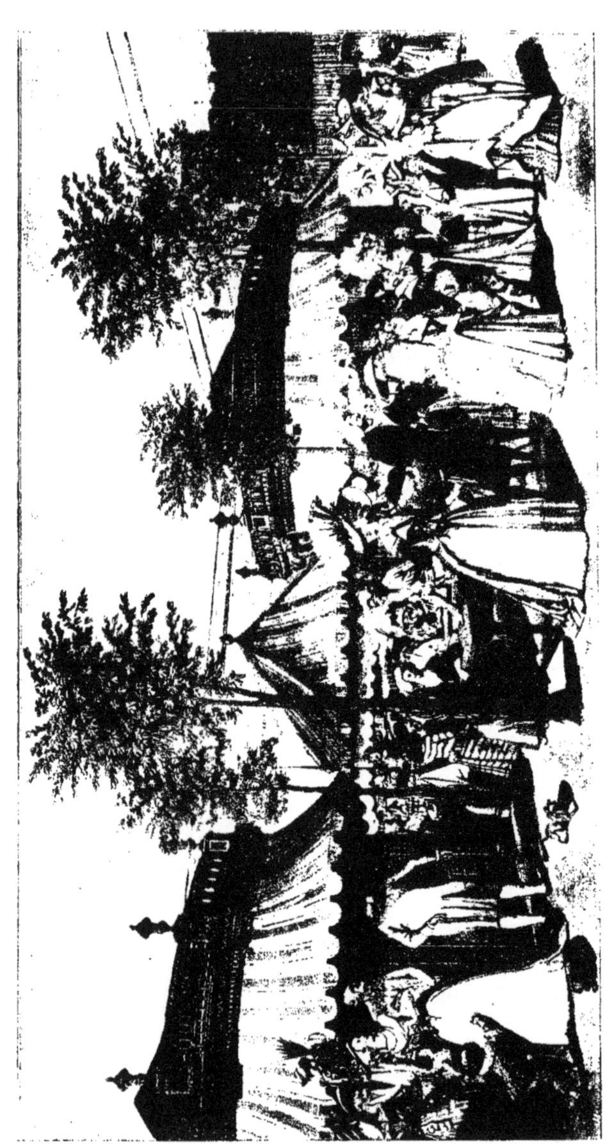

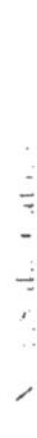

N° 101 du Catalogue.

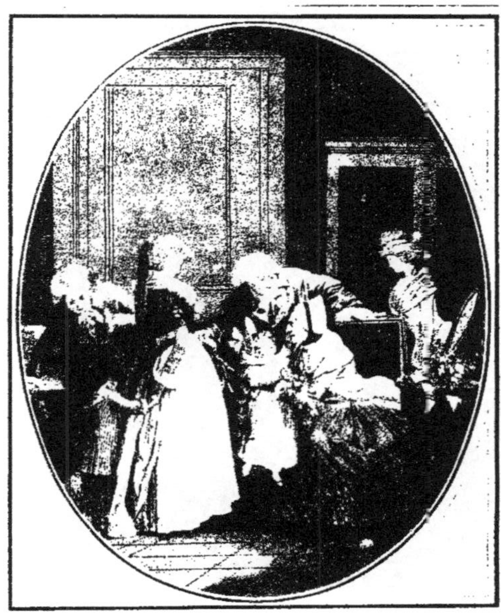

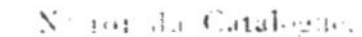

N° 101 du Catalogue.

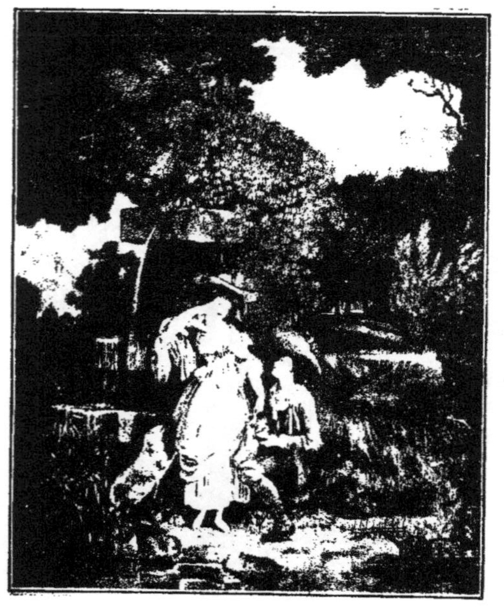

N° [illegible] du Catalogue

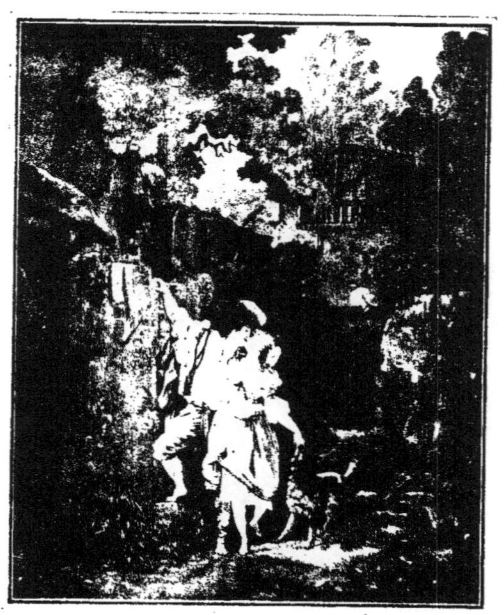

N° [illegible] du Catalogue

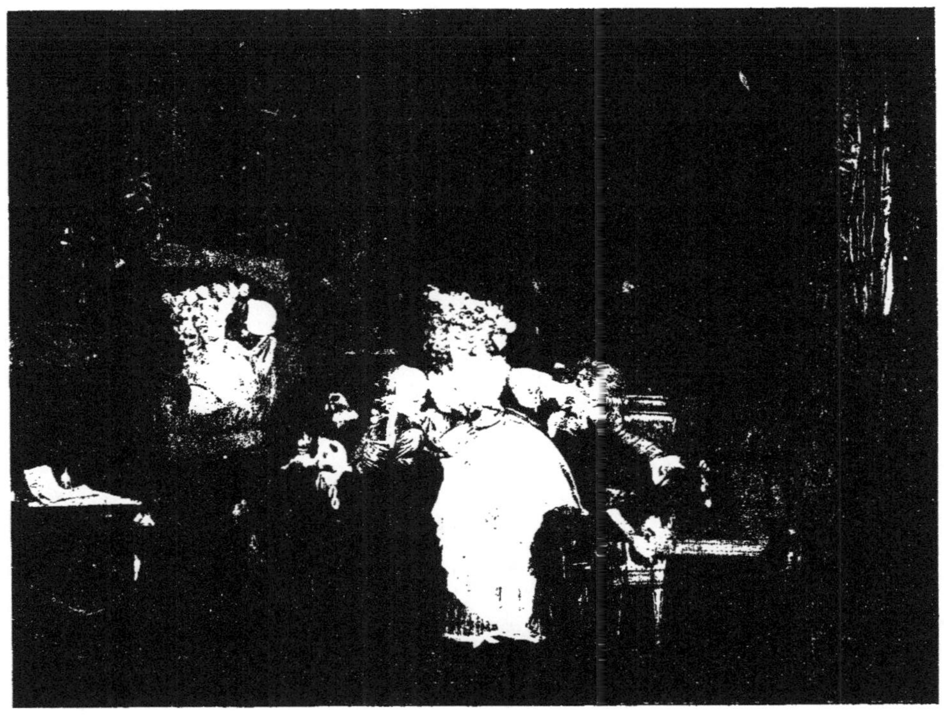

N° 97 du Catalogue.

187. Vue du Port de Gênes — Vue du Port de Naples — Vue des Ruines du Temple de la Sybille Tiburtine — Ruine et tombeau de Cestius. Suite de quatre pièces. Très belles épreuves, *imprimées en couleurs.*

HAMILTON (d'après W.)

187 *bis.* Planche des Mois, par Gardner. Très belle épreuve, *imprimée en couleurs* (remmargée).

187 *ter.* Evening, par Tomkins. Très belle épreuve, *imprimée en couleurs* (remmargée).

HARMAR (T.)

188. *To the Banquet* — *From the Banquet.* Deux pièces se faisant pendants. Belles épreuves, *imprimées en couleurs.*

HOPPNER (d'après John)

189. Sophia Western, par J. R. Smith. Très belle épreuve, *imprimée en couleurs*, légèrement rehaussée.

HUET (d'après Jean-Baptiste)

190. L'Accord maternel — Les Soins maternels. Deux pièces par L. M. Bonnet, se faisant pendants. Très belles épreuves, *imprimées en couleurs.*

191. Les Adieux du Fermier — L'Arrivée de la Fermière. Deux pièces, par Jubier, se faisant pendants. Très belles épreuves, *imprimées en couleurs* (petites épidermures à une pl.).

192. L'Amant couronné, par Patron. Très belle épreuve, *imprimée en couleurs*, avec rehauts.

193. L'Amant écouté — L'Eventail cassé. Deux pièces, par Bonnet, se faisant pendants. Magnifiques épreuves, *imprimées en couleurs.*

194. L'Amour dévoile les yeux de l'Innocence — l'Innocence reçoit de l'Amour deux Colombes. Deux pièces, par J. F. Wolff, se faisant pendants. Très belles épreuves, *imprimées en couleurs.*

195. L'Amour fait l'offrande de son cœur à Vénus, par Bonnet. Très belle épreuve, *imprimée en couleurs.*

196. L'Amour offrant des présents à Ariane — Offrande présentée par l'Amour à la Fidélité. Deux pièces, par L.-M. Bonnet, se faisant pendants. Belles épreuves, *imprimées en couleurs.*

197. L'Amour offrant des présents à Ariane, par Bonnet. Magnifique épreuve, *imprimée en couleurs*, à toutes marges.

198. La Belle Jardinière, par Bonnet. Superbe épreuve, *imprimée en couleurs.*

199. La Belle Dormeuse, par Bonnet. Très belle épreuve, *imprimée en couleurs.*

200. Les Belles Vendangeuses — Le Repas des Vendangeuses. Deux pièces, par J.-A. Léveillé, se faisant pendants. Très belles épreuves, *imprimées en couleurs.*

201. Le Berger chéri — La Bergère surprise. Deux pièces, par Liger, se faisant pendants. Belles épreuves, *tirées en 3 tons.*

202. Bergère surprise par l'Amour, par J.-A. Léveillé. Belle épreuve, *tirée en 2 tons.*

203. La Bergerie — La Basse Cour. Deux pièces, par Bonnet, se faisant pendants. Très belles épreuves, *imprimées en couleurs.*

204. La Brodeuse au Tambour — La Raccommodeuse de Dentelle. Deux pièces, par L.-M. Bonnet, se faisant pendants. Superbes épreuves, *imprimées en couleurs*, toutes marges.

205. La Brouette, par L.-M. Bonnet. Très belle épreuve, *imprimée en couleurs.*

206. Le Cerisier, par Jubier. Superbe épreuve, *imprimée en couleurs.*

207. La Chèvre Bien Aimée — Les Petits Gourmands. Deux pièces, par Bonnet, se faisant pendants. Belles épreuves, *imprimées en couleurs.*

208. La Clochette — La Servante justifiée, contes de La Fontaine. Deux pièces, par Bonnet, se faisant pendants. Superbes épreuves, *imprimées en couleurs.*

209. Colin-Maillard — La Main Chaude. Deux pièces, par L.-M. Bonnet, se faisant pendants. Très belles épreuves, *imprimées en couleurs.*

210. Les Compliments du Jour de l'An — Les Présents du Jour de l'An. Deux pièces, par L.-M. Bonnet, se faisant pendants. Superbes épreuves, *imprimées en couleurs.*

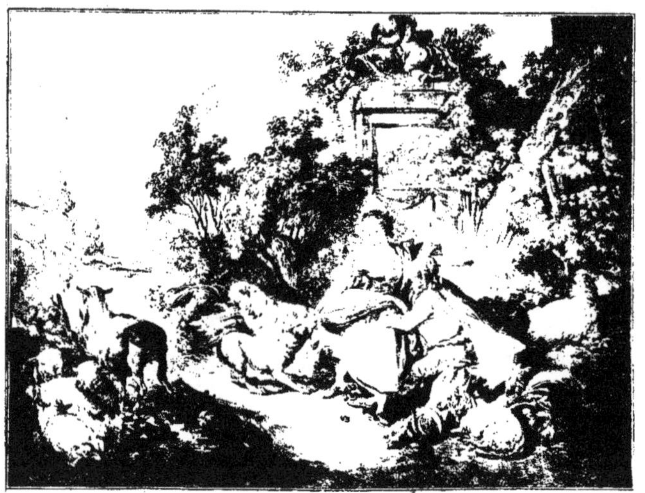

N° 151 du Catalogue.

211. La Déclaration — L'Amant pressant. Deux pièces, par A. Legrand, se faisant pendants. Très belles épreuves, *imprimées en couleurs.*

212. Le Départ d'une Foire — Le Départ de campagne. Deux pièces, par Jubier, se faisant pendants. Superbes épreuves, *imprimées en couleurs.*

213. La Bergère récompensée, par Jubier. Très belle épreuve, *imprimée en couleurs.*

213 *bis.* La même estampe. Très belle épreuve, *avant toute lettre, imprimée en couleurs* et *rehaussée.*

214. Le Départ du Marché — Le Retour du Marché. Deux pièces, par L. Legrand, se faisant pendants. Superbes épreuves, *imprimées en couleurs.*

215. Départ pour le Siège de la Bastille — La petite Attaque ou la petite Bastille. Deux pièces, par Bonnet, se faisant pendants. Très belles épreuves, *imprimées en couleurs.*

216. Diane et Endymion, par Léveillé. Très belle épreuve, *imprimée en couleurs.*

217. Le Dîner, par Bonnet. Très belle épreuve, *imprimée en couleurs.*

218. Le Drapeau National — Le Tambour National. Deux pièces, par Bonnet, se faisant pendants. Superbes épreuves, *imprimées en couleurs.*

219. Les Echasses — Le Petit Sabot. Deux pièces, par Bonnet, se faisant pendants. Superbes épreuves, *imprimées en couleurs.*

220. L'Espoir Heureux, par Bonnet. Très belle épreuve, *imprimée en couleurs.*

221. Le Goûter champêtre, par Jubier. Magnifiue épreuve, *imprimée en couleurs.*

222. Les Grâces enchaînées par l'Amour — L'Amour enchaîné par les Grâces. Deux pièces par Pitou, sous la direction de Bonnet, se faisant pendants. Très belles épreuves, *imprimées en couleurs.*

223. Grande Pastorale par Auvray ?) Superbe épreuve, *imprimée en couleurs.*

224. Grande Pastorale, par Demarteau (n° 601). Superbe épreuve, *imprimée en couleurs.*

225. La Jarretière, par L. M. Bonnet. Magnifique épreuve, *imprimée en couleurs.*

226. Le Jeu de Tami — Le petit Château de cartes. Deux pièces, par Bonnet, se faisant pendants. Superbes épreuves, *imprimées en couleurs.*

227. Le Jeu de Volant — Le Jeu de Ballon. Deux pièces, par L. M. Bonnet, se faisant pendants. Superbes épreuves, *imprimées en couleurs.*

228. Le Jeu de Cervolant — Les Boules de Savon. Deux pièces, par L. M. Bonnet, se faisant pendants. Superbes épreuves, *imprimées en couleurs.*

229. Le Jeu de Quille — Le Charriot Chinois — Le Jeu de Cerbocalle — Le Jeu de la Balançoire. Suite de quatre pièces (Scènes chinoises), par L. M. Bonnet. Superbes épreuves, *imprimées en couleurs.*

230. Jeune Femme à la grappe de raisin — Jeune Femme à l'oiseau. Deux pièces par Bonnet et Duruisseau, se faisant pendants. Très belles épreuves, *tirées en 3 tons.*

231. Jupiter couvre la terre de nuages pour jouir d'Io, par Bonnet. Belle épreuve, *imprimée en couleurs.*

232. Les Laveuses — Les Pêcheurs. Deux pièces par Bonnet, se faisant pendants. Très belles épreuves, *imprimées en couleurs* (petite épidermure à une pl.).

233. Le Maître de Musique — Le Maître de Dessin. Deux pièces par Legrand et Bonnet, se faisant pendants. Superbes épreuves, *imprimées en couleurs.*

234. Le Marchand de poisson, par Jubier. Superbe épreuve, *imprimée en couleurs.*

234 *bis.* La même estampe. Très belle épreuve, *imprimée en couleurs.*

235. Le Messager discret, par Briceau. Superbe épreuve, *imprimée en couleurs.*

236. La Mort d'Adonis — Procris tuée d'un coup de flèche par Céphale. Deux pièces par Jubier, se faisant pendants. Belles épreuves, *imprimées en couleurs.*

237. La Nymphe Hespérie, par Bonnet. Superbe épreuve, *imprimée en couleurs.*

238. Nymphes et Amours. Deux pièces par Demarteau, se faisant pendants. Très belles épreuves, *imprimées en couleurs.*

239. Offrandes à l'Hymen. — Offrande à l'Amitié — Offrande à l'Espérance — Offrande à Vénus. Suite de quatre pièces par Bonnet et Jubier. Superbes épreuves, *imprimées en couleurs.*

240. Offrande à Vénus, par Bonnet. Superbe épreuve, *imprimée en couleurs.*

241. L'Oiseau privé, par Bonnet. Superbe épreuve, *imprimée en couleurs.*

242. Le Pas de Menuet, par Bonnet. Très belle épreuve, *imprimée en couleurs.*

243. Le Passe-temps agréable, par Demarteau (n° 504). Superbe épreuve, *imprimée en couleurs.*

244. Pastorales, par Demarteau (n° 583-584). Deux pièces se faisant pendants. Très belles épreuves, *imprimées en couleurs.*

245. Pastorales. Suite de quatre pièces par Demarteau (n° 583-586). Belles épreuves, *imprimées en couleurs*, sans marges (petites cassures à 2 pl.). On y a joint deux épreuves de 1er état.

246. La Peinture — La Sculpture — L'Architecture — La Musique. Suite de quatre pièces par Mallet. Superbes épreuves, *imprimées en couleurs.*

247. Le Petit cavalier — La Chèvre Bien-aimée — Le Coq secouru — La Bonne chèvre — La Bouillie aux chats — Le Frère donne les étrennes à sa Sœur. Six pièces, par L. M. Bonnet, formant série. Superbes épreuves, *imprimées en couleurs.*

248. Le Petit Fermier — La Petite Fermière. Deux pièces, par Bonnet, se faisant pendants. Très belles épreuves, *imprimées en couleurs.*

249. Les Plaisirs de la Campagne, par Mixelle. Très belle épreuve, *imprimée en couleurs.*

250. Le point d'Honneur ou le petit Duel, par Bonnet. Superbe épreuve, *imprimée en couleurs.*

251. La Recherche des Appas, par Dnarwell (Legrand?). Superbe épreuve, *imprimée en couleurs.*

252. Retour du Marché, par Auvray. Superbe épreuve, *imprimée en couleurs.*

253. Les Saisons. Suite de quatre pièces, par Liger et Duruisseau. Belles épreuves, *tirées en 2 tons.*

254. Le Scrupule, par L. M. Bonnet. Très belle épreuve, *imprimée en couleurs.*

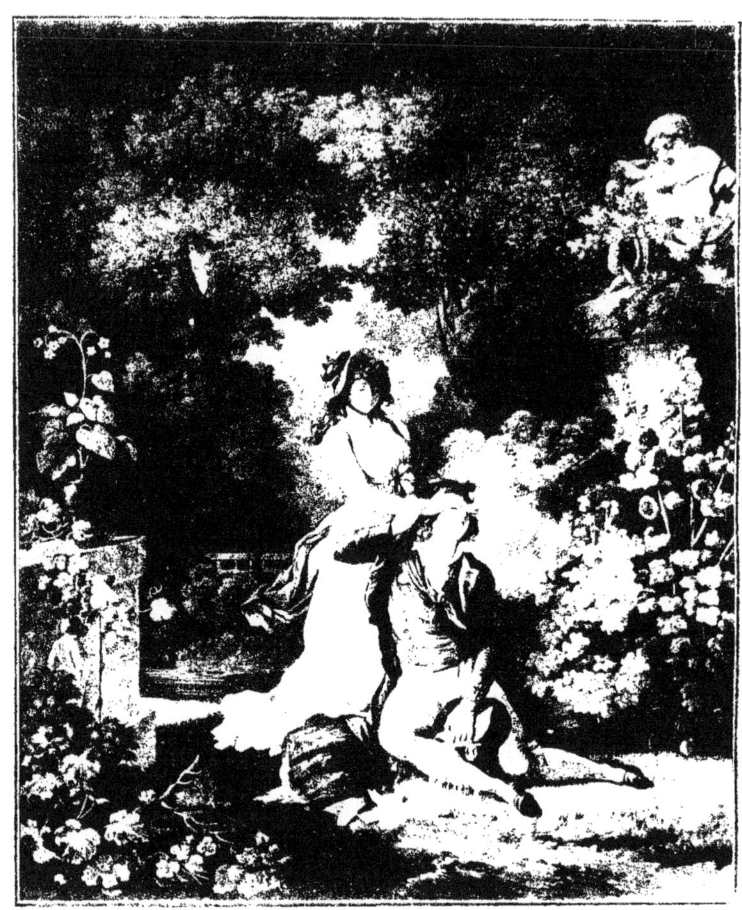

N° 377 du Catalogue.

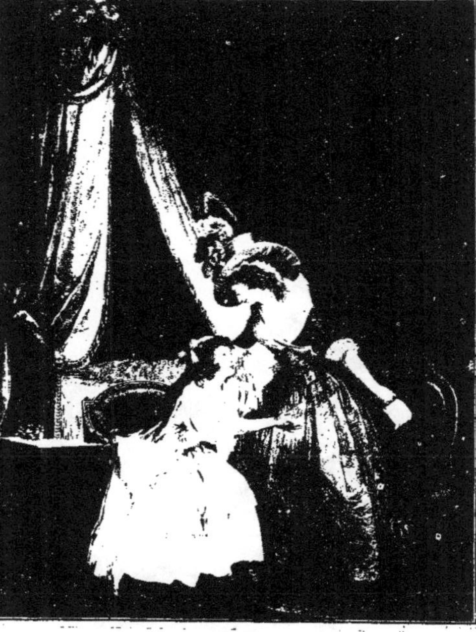

N° 322 du Catalogue.

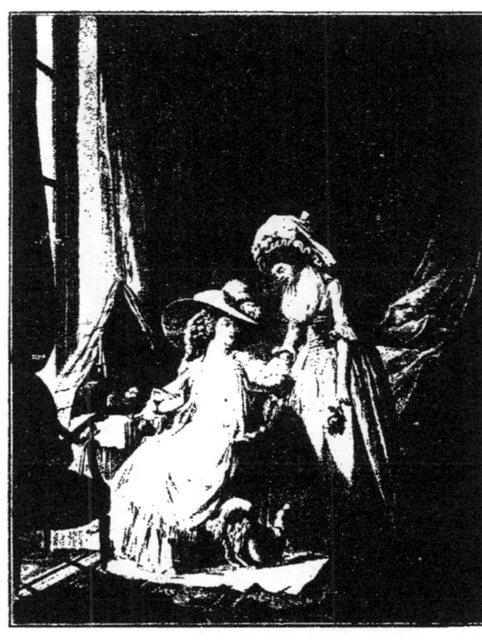

N° 328 du Catalogue.

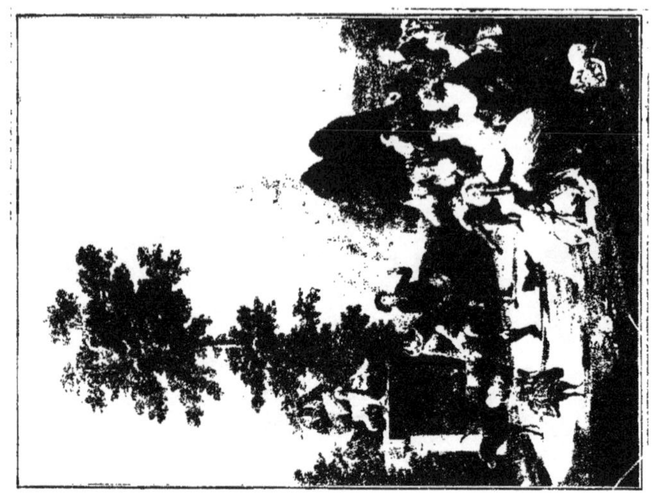

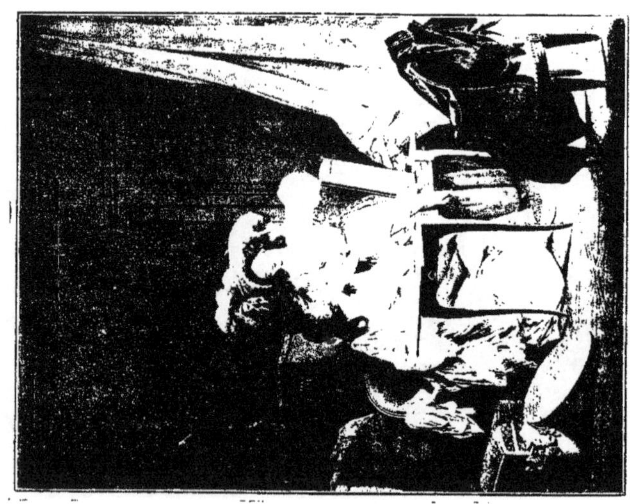

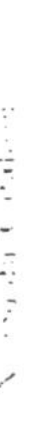

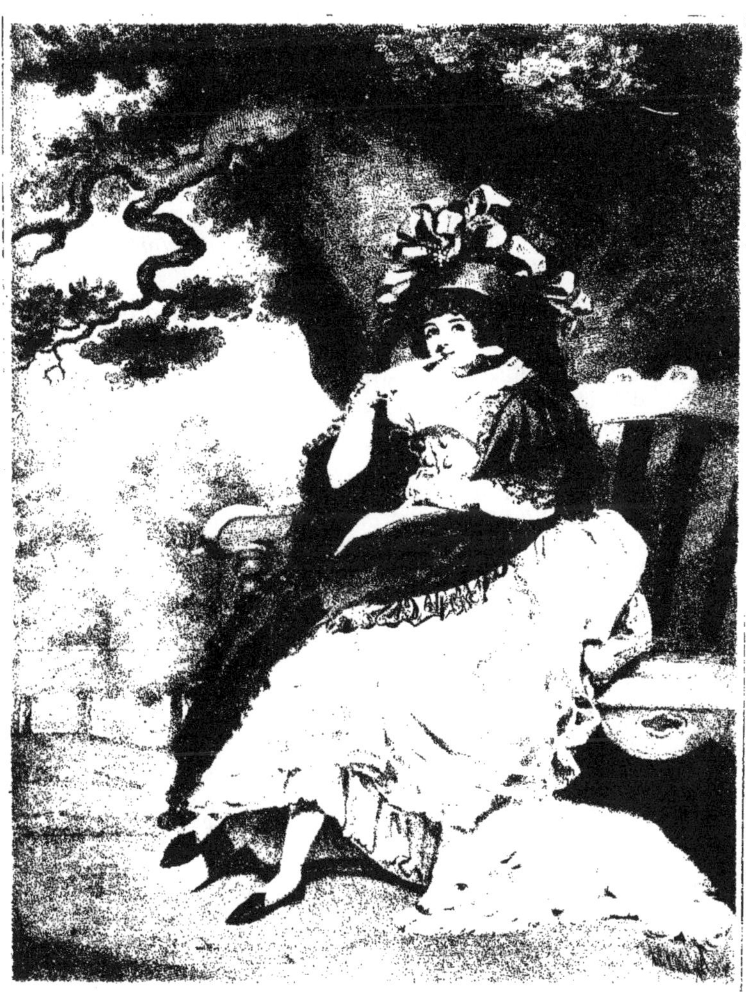

N° 388 du Catalogue.

255. Le Silence de Vénus, par L. M. Bonnet. Très belle épreuve, *imprimée en couleurs.*

256. La Sœur donne les Etrennes à son Frère — Le Frère donne les Etrennes à sa Sœur. Deux pièces, par Bonnet, se faisant pendants. Belles épreuves, *imprimées en couleurs.*

257. *Têtes dessinées avec les crayons de couleur du Sr Nadeau.* Deux pièces, par L.-M. Bonnet, se faisant pendants. Superbes épreuves, *imprimées en couleurs.*

258. *The Fchool of Loue*, par L.-M. Bonnet. Superbe épreuve, *imprimée en couleurs.*

259. Le Triomphe de Galathée — Le Triomphe d'Ariane. Deux pièces, par L.-M. Bonnet, se faisant pendants. Belles épreuves, *imprimées en couleurs.*

260. Vénus donnant ses ordres à l'Amour — Les Amours rendant hommage à Vénus. Deux pièces, par Bonnet, se faisant pendants. Très belles épreuves, *imprimées en couleurs.*

261. Vénus enflammée par l'Amour — L'Amour prie Vénus. Deux pièces, par L.-M. Bonnet, se faisant pendants. Très belles épreuves, *imprimées en couleurs.*

262. Vénus sur les eaux, par L.-M. Bonnet. Magnifique épreuve, *imprimée en couleurs, avant toute lettre* et *avant la draperie.*

262 *bis.* La même estampe. Très belle épreuve, *imprimée en couleurs.*

263. Vue d'une Fontaine antique — Vue de l'Intérieur d'une Ferme. Deux pièces, par Jubier, se faisant pendants. Très belles épreuves, *tirées en plusieurs tons.*

264. Vue intérieure d'une Ferme, par Mattey. Superbe épreuve, *imprimée en couleurs* (piqûres).

265. Sujets gracieux. Deux pièces, par L.-M. Bonnet. Très belles épreuves, *imprimées en couleurs* (sans marges).

HUET et BARBIER (d'après)

266. Les Elements. Suite de quatre pièces de forme ovale. Très belles épreuves, *imprimées en couleurs* (petites épidermures à une pl.).

HUET et BAUDOUIN (d'après)

267. Le Déjeuné — Le Goûter — Le Dîner — Le Souper. Suite de quatre pièces, par L.-M. Bonnet. Très belles épreuves, *imprimées en couleurs* (petite restauration à une planche : le Dîner).

HUET et BOUCHER (d'après)

268. Jupiter et Léda — Jupiter et Calisto. Deux pièces, par J.-A. Léveillé, se faisant pendants. Très belles épreuves, *imprimées en couleurs*.

ISABEY (d'après Jean-Baptiste)

269. La Reine Hortense tenant une lyre, par Monsaldy. Très belle épreuve, *imprimée en couleurs*. Très rare.

270. La Reine Hortense, par Monsaldy. Très belle épreuve, *imprimée en couleurs*. Très rare.

271. Dugazon (Mme), par Monsaldy. Très belle épreuve, *imprimée en couleurs*.

JANINET (Jean-François)

272. Les Sentimens de la Nation, d'après J.-B. Huet. Très belle épreuve, *imprimée en couleurs* (un mot gratté dans la légende).

273. Portrait d'une jeune Princesse (Frédérique-Sophie-Wilhelmine ?) Petite pièce de forme ronde. Magnifique épreuve, *imprimée en couleurs*. Fort rare.

274. Mlle Duthé, d'après Le Moine, 1779. Superbe épreuve, *imprimée en couleurs* ; avec le cadre.

275. Mme St Huberti, d'après Le Moine. Très belle épreuve, *imprimée en couleurs*.

276. L'Agréable négligé, d'après Baudouin (28 A) — La Compagne de Pomone, d'après Le Clerc. Deux pièces, se faisant pendants. Belles épreuves, *imprimées en couleurs* (sans marges).

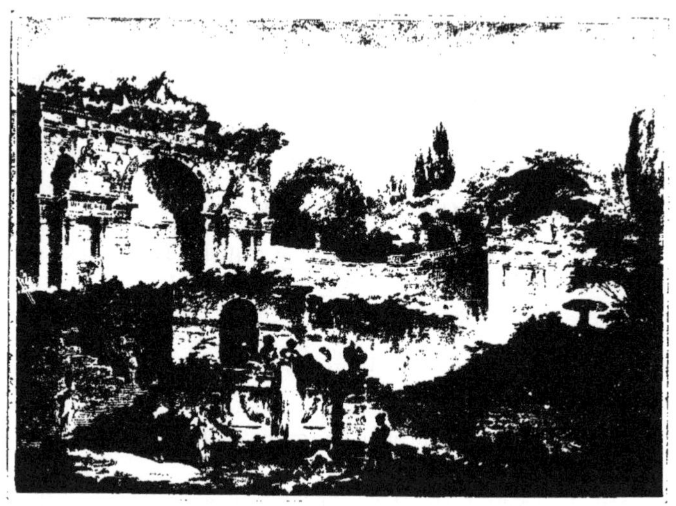

N° 312 *bis* du Catalogue.

277. L'Amour — la Folie. Deux pièces de forme ovale, d'après H. Fragonard, se faisant pendants. Magnifiques épreuves, *avant la lettre, imprimées en couleurs*, à toutes marges.

278. L'Amour rendant hommage à sa Mère, d'après F. Boucher. Très belle épreuve, *imprimée en couleurs*.

279. Amour tu fais des jaloux — Tu blesses et souvent ne guéris pas. Deux pièces, d'après F. Boucher, se faisant pendants. Très belles épreuves, *imprimées en couleurs*.

280. La Bacchante enyvrée — Le Satyre amoureux. Deux pièces, d'après Ph. Caresme, se faisant pendants. Très belles épreuves, *imprimées en couleurs* (petite épidermure à une pl.).

281. Bacchus préside à la Fête, d'après Caresme. Très belle épreuve, *avant toute lettre, imprimée en couleurs.*

282. Bacchus préside à la Fête — Le Culte systématique. Deux pièces, d'après Caresme, se faisant pendants. Superbes épreuves, *imprimées en couleurs.*

283. Le Baiser de l'Amour — Le Baiser de l'Amitié. Deux pièces, d'après Doublet, se faisant pendants. Superbes épreuves, *avant toute lettre, imprimées en couleurs.*

284. Les mêmes estampes. Très belles épreuves, *imprimées en couleurs.*

285. La Baraque rustique, d'après A. van Ostade. Superbe épreuve, *imprimée en couleurs.*

286. Le Char de Galathée, d'après E. Bouchardon. Très belle épreuve, *imprimée en couleurs.*

287. La Chaumière Flamande — La Tabagie Hollandaise. Deux pièces, d'après A. van Ostade, se faisant pendants. Très belles épreuves, *imprimées en couleurs* (légères piqûres).

288. Les Comédiens comiques — Le Rendez-vous comique. Deux pièces, d'après Ant. Watteau, se faisant pendants. Très belles épreuves, *imprimées en couleurs* (remmargées).

289. Compagne de Pomone, d'après Le Clerc. Très belle épreuve, *imprimée en couleurs.*

290. La Confiance enfantine — La Crainte enfantine. Deux pièces, d'après S. Freudeberg, se faisant pendants. Très belles épreuves, *imprimées en couleurs.*

291. Foire Hollandaise, d'après A. van Ostade. Très belle épreuve, *imprimée en couleurs.*

292. La jeune Vestale, d'après Le Barbier aîné. Superbe épreuve, *avant toute lettre, imprimée en couleurs.*

292 *bis.* La Jeune Vestale — Hébé. Deux pièces, d'après Le Barbier aîné, se faisant pendants. Très belles épreuves, *imprimées en couleurs.*

293. La Noce de village — Le Repas des Moissonneurs. Deux pièces, d'après Wille fils, se faisant pendants. Très belles épreuves, *imprimées en couleurs.*

294. Le Nouvelliste, d'après A. van Ostade. Superbe épreuve, *avant la lettre, imprimée en couleurs.*

295. Le Repas des Moissonneurs, d'après H. Gravelot. Très belle épreuve, *imprimée en couleurs.*

296. La Réunion des Plaisirs, d'après Le Clerc. Belle épreuve, *avant toute lettre, imprimée en couleurs* (petite restauration).

297. Réveil de Vénus, d'après Charlier. Magnifique épreuve, *imprimée en couleurs.*

298. Le Satyre enchaîné, d'après Caresme. Superbe épreuve, *avant toute lettre, imprimée en couleurs* (filet de marge).

299. Le Sommeil d'Ariane, d'après Charlier. Très belle épreuve, *imprimée en couleurs.*

300. Sommeil de Vénus — Réveil de Vénus. Deux pièces, d'après Charlier, se faisant pendants. Très belles épreuves, *imprimées en couleurs.*

301. La Toilette de Vénus, d'après F. Boucher, 1783. Très belle épreuve *avant* la suppression d'un amour, *imprimée en couleurs.*

302. Les Trois Grâces, d'après Pellegrini. Superbe épreuve, *avant la lettre* et *avant la guirlande, imprimée en couleurs.* On y a joint une épreuve de la planche tirée en bleu et brun, soit deux pièces.

303. Vénus aux Colombes, d'après Le Barbier aîné. Magnifique épreuve, *avant toute lettre, imprimée en couleurs.*

304. Vénus désarmant l'Amour, d'après Charlier. Superbe épreuve, *avant toute lettre, imprimée en couleurs.*

305. Vénus en réflexion, d'après Charlier. Magnifique épreuve *avant toute lettre, imprimée en couleurs.*

305 *bis.* La même estampe. Très belle épreuve, *imprimée en couleurs.*

306. Vénus sur les eaux, d'après Charlier. Très belle épreuve, *imprimée en couleurs.*

306 *bis.* Six planches pour le *Mémorial pittoresque de de la France*, gravées par Janinet et De Machy fils. Très belles épreuves, *imprimées en couleurs.*

307. I* Vue de Paris, prise du Pont Royal, d'après De Machy. Très belle épreuve, *imprimée en couleurs, signée* au verso par les artistes (petites restaurations en marges).

308. Colonade et Jardins du Palais Médicis, d'après H. Robert. Très belle épreuve, *imprimée en couleurs.*

309. Restes d'un Temple aux Environs de Puzzole, d'après Clericeau. Très belle épreuve, *imprimée en couleurs* (petites piqûres).

310. Reste du Palais du Pape Jules, d'après H. Robert. Très belle épreuve, *imprimée en couleurs.*

311. Ruines Romaines (Ire et IIe). Deux pièces, d'après Pernet, se faisant pendants. Superbes épreuves, *imprimées en couleurs* (pli à une planche).

312. Villa Madama, d'après Hubert Robert. Superbe épreuve, *avant la lettre, imprimée en couleurs.*

312 *bis.* Villa Madama — Villa Sachetti, 1778. Deux pièces, d'après Hubert Robert. Superbes épreuves, *imprimées en couleurs.*

313. Vues des environs de Paris. Deux pièces, d'après Louis Moreau, se faisant pendants. Très belles épreuves, *avant la lettre, imprimées en couleurs.*

JANINET (J. F.)?

314. Ruines, d'après Panini? Deux pièces se faisant pendants. Superbes épreuves, *avant toute lettre imprimée en couleurs.*

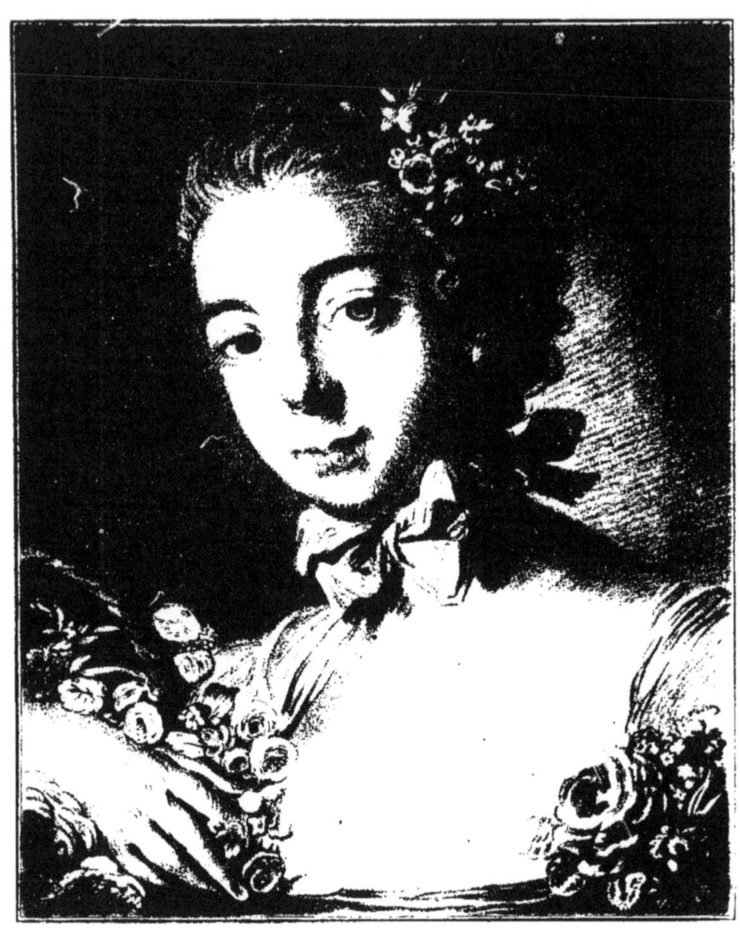

N° 20 du Catalogue.

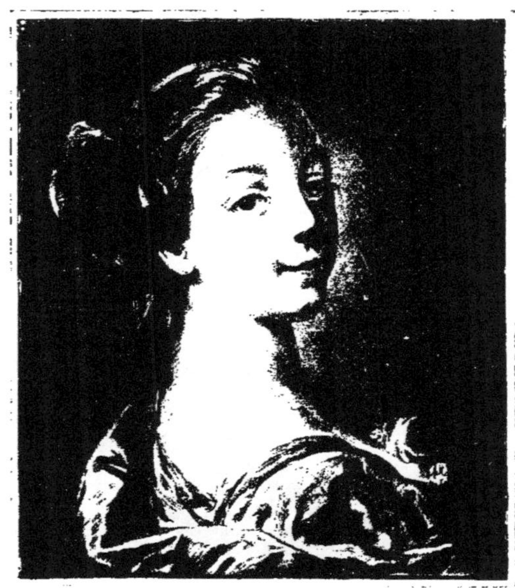

N° 30 du Catalogue.

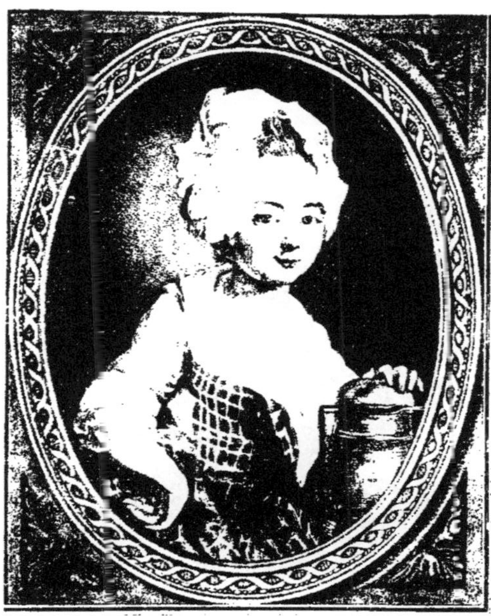

N° 12 du Catalogue.

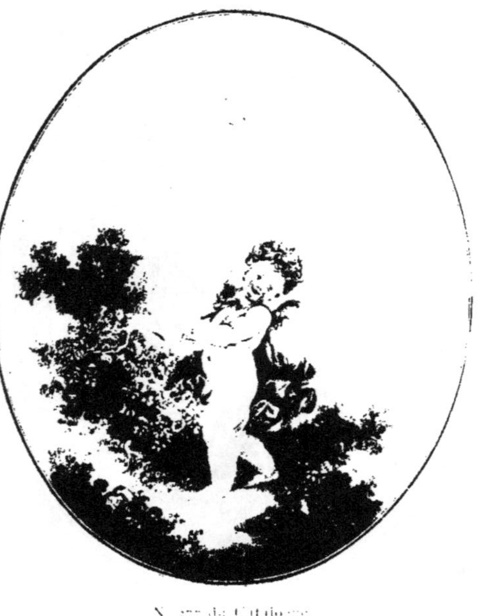

N° 277 du Catalogue

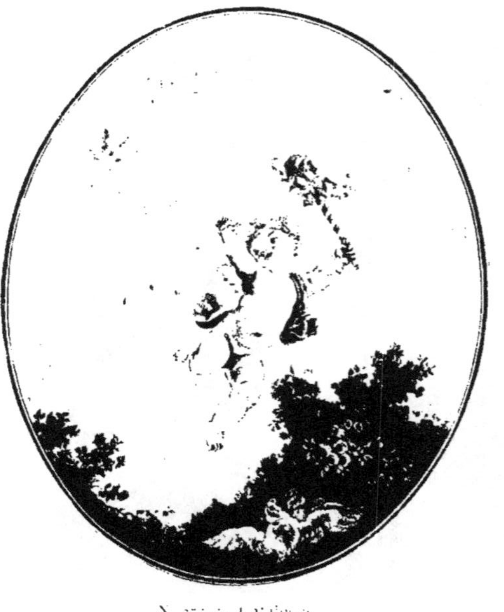

N° 277 du Catalogue

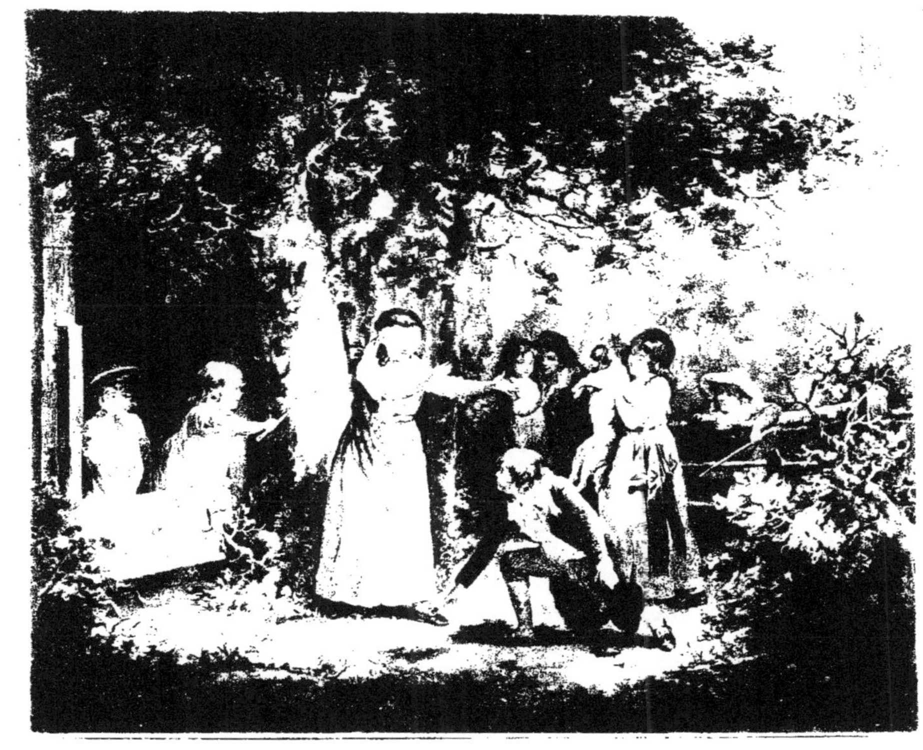

N[illegible] du [illegible]

JANINET — LE CAMPION — ROGER DESCOURTIS

315. *Vues pittoresques des principaux édifices de Paris*, frontispice et 31 pièces, d'après Testard et Sergent. Très belles épreuves, *imprimées en couleurs*.

315 *bis*. Vues de Paris. Soixante pièces de formats in-8° et in-4°, la plupart en très belles épreuves.

316. Sujets Arabesques, d'après Prieur. Suite de quatre pièces. Superbes épreuves, *imprimées en camaïeu*.

JOLLAIN (d'après Nicolas-René)

317. Le Bain, par L. M. Bonnet. Superbe épreuve, *imprimée en couleurs*.

317 *bis*. Le Bain — La Toilette. Deux pièces, par L. M. Bonnet, se faisant pendants. Très belles épreuves, *imprimées en couleurs* (la 1re *avant* la draperie).

JOUBERT (à Paris, chez)

318. Le Premier né. Superbe épreuve, *imprimée en couleurs*. On y a joint une épreuve de 1er état, soit deux pièces.

JUBIER

319. Offrande à l'Amour — Offrande au dieu Pan. Deux pièces d'après J. B. Huet, se faisant pendants, la seconde très belle.

320. Pygmalion amoureux de sa Statue, d'après J. B. Huet. Belle épreuve, *imprimée en couleurs* (petites taches).

321. Vues de la Nerwa. Deux pièces d'après Michelle, se faisant pendants. Superbes épreuves, *imprimées en couleurs*.

JUBIER — BONNET

322. Offrande à l'Amitié — Offrande à l'Hymen. Deux pièces, d'après J. B. Huet, se faisant pendants. Très belles épreuves, *imprimées en couleurs*.

KAUFFMAN (d'après Angelica)

323. Nymphe lutinée par l'Amour. Très belle épreuve, *avant toute lettre, imprimée en couleurs.*

324. *L'Allegra*, par Pastorini, 1783 — *Olim truncus eram ficulnus*, par Ryland. Deux pièces. Très belles épreuves, *imprimées en couleurs*, avec rehauts.

325. Felicity, par Angélique Papavoine — La Tendresse maternelle. Deux petites pièces de forme ovale. Très belles épreuves, *imprimées en couleurs.*

LAGRENÉE et QUEVERDO (d'après)

326. Buste de Jeune Fille, par L. M. Bonnet — La Jeune Veuve, par Mansold. Deux pièces. Très belles épreuves, *tirées en 2 tons* ou *en couleurs.*

LAMBERT (d'après)

327. Histoire de Paul et de Virginie. Suite de six pièces par Aug. Legrand. Très belles épreuves, *imprimées en couleurs.*

LAVREINCE (d'après Nicolas)

328. L'Aveu difficile, par Janinet (E. B. 8). Superbe épreuve *imp. en couleurs.*

329. La Comparaison, par Janinet (12). Superbe épreuve *imp. en couleurs.*

330. La Comparaison, par Partout. Très belle épreuve, *imprimée en couleurs* (remmargée).

331. Ha! le joli petit chien — Le Petit Conseil (27 et 48). Deux pièces, par F. Janinet, se faisant pendants. Belles épreuves, *imprimées en couleurs*, incomplètes d'un centimètre dans le haut, et remmargées.

332. L'Indiscrétion, par Janinet (30). Magnifique épreuve *imprimée en couleurs*, à grandes marges.

333. Les Saisons, par G. Vidal (7, 24, 29 et 49). Suite de quatre pièces. Belles épreuves, *imprimées en couleurs* (remmargées).

334. Le Serin chéri, par Legrand (59). Superbe épreuve *imprimée en couleurs*.

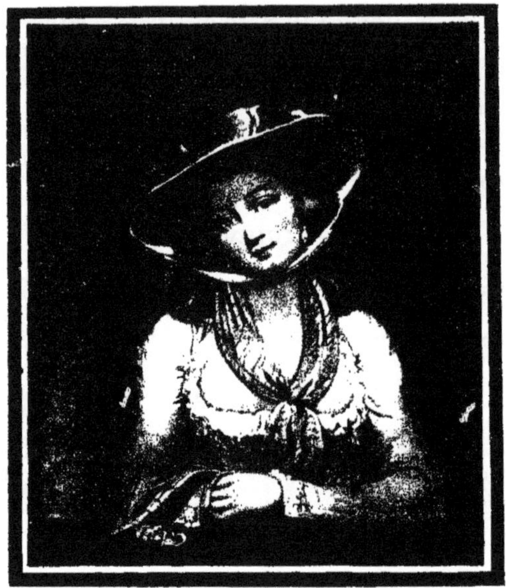

N° 189 du Catalogue.

LAVREINCE (d'après Nicolas) ?

335. Sujets gracieux. Deux petites pièces de forme ronde, remontées dans un encadrement gravé. Très belles épreuves *imprimées en couleurs*.

LE BARBIER AINÉ (d'après)

336. Le Paradis terrestre — L'Age d'or. Deux pièces par J. A. Léveillé, se faisant pendants. Superbes épreuves, *imprimées en couleurs*, la 1re *avant toute lettre*, la seconde avec cache.

LE CAMPION — GUYOT — ROGER

337. Vue du Port de Marseille — Vue du Port de St Malo — Maison de Lord Wm Gordon — Marine. Quatre pièces. Très belles épreuves, *imprimées en couleurs.*

LE CŒUR (Louis)

338. Promenade du Jardin du Palais-Royal, 1787. Superbe épreuve, *imprimée en couleurs.*

339. Promenade du Jardin du Palais-Royal, réduction in-4. Superbe épreuve, *imprimée en couleurs.* Très rare.

340. Les Chagrins de l'Enfance, d'après F. Mouchet. Très belle épreuve du 1er tirage, *avec les armoiries, imprimée en couleurs* (légèrement frottée).

341. La Vieillesse d'Annette et Lubin, d'après Swebach-Desfontaines. Très belle épreuve, *imprimée en couleurs.*

LEGRAND (Augustin)

342. La Récompense — La Pénitence — La Récréation — Le Travail. Suite de quatre pièces. Très belles épreuves, *imprimées en couleurs.*

LE PRINCE (d'après Jean-Baptiste)

343. *The Pleasures of Solitude*, par Bonnet. Belle épreuve, *imprimée en couleurs.*

343 *bis.* La même estampe. Belle épreuve de tirage différent (sans marges).

344. *The Welcome Neces*, par L. M. Bonnet, 1778. Superbe épreuve, *imprimée en couleurs.*

345. Femme de Chambre Russe, par Bonnet. Belle épreuve, *tirée en 2 tons.*

LE SUEUR (L.)

346. Vue d'une Ferme, près Pierrefite, d'après Mlle de Vintimille. Superbe épreuve, *imprimée en couleurs.*

347. Vue du Moulin de Monteville — Vue d'une Ferme près Pierrefite. Deux pièces, d'après Mlle de Vintimille, se faisant pendants. Belles épreuves, *imprimées en couleurs* (sans marges).

LÉVEILLÉ (J. A.) — DURUISSEAU

348. Jeune Fille au masque, d'après J. B. Huet — Jeune Fille à la coiffure de plumes, d'après Vanloo Deux pièces se faisant pendants. Belles épreuves *tirées en 3 tons.*

LONGUEIL (Joseph de)

349. Les Dons imprudents — Le Retour à la vertu. Deux pièces se faisant pendants. Superbes épreuves, *imprimées en couleurs.*

MALLET (d'après Jean-Baptiste)

350. Les Bonnes Amies — L'Impatience amoureuse. Deux pièces par De Sève, se faisant pendants. Superbes épreuves, *imprimées en couleurs.*

MIXELLE (J. M.)

351. L'Heureuse rencontre — Le Bouquet déchiré. Deux pièces se faisant pendants. Superbes épreuves, *imprimées en couleurs.*

MORLAND (d'après George)

352. *Blind mans buff*, par W. Ward, 1788. Très belle épreuve, *imprimée en couleurs* et *rehaussée* (très légère restauration).

353. *The Cottagers Wealth*, par G. Keating, 1798. Très belle épreuve, *imprimée en couleurs* et *rehaussée.*

354. *The Farmer's Door*, par B. Duterrau, 1790 — *The Barn Door*, par W. Ward, 1792. Deux pièces se faisant pendants. Superbes épreuves *imprimées en couleurs*, avec rehauts.

355. *The Farmers Visit* — *The Visit returned in the Country*. Deux pièces de forme ronde, par W. Bond et Nutter, se faisant pendants. Superbes épreuves, *imprimées en couleurs*.

356. *The Gipsies Tent* — *The Happy Cottagers*. Deux pièces par J. Grozer, 1793, se faisant pendants. Très belles épreuves, *imprimées en couleurs* et *coloriées* (très légères cassures).

357. *Constancy*, par Bartolotti. Superbe épreuve, *imprimée en couleurs*

MORRET (J. B.)

358. La Bergère des Alpes. Très belle épreuve, *imprimée en couleurs*.

359. Bonaparte, 1er Consul, d'après Appiani. Très belle épreuve, *imprimée en couleurs*.

NORTHCOTE (d'après James)

360. *A Young Lady encouraging the low comedian*, par W. Ward, 1787. Superbe épreuve, *imprimée en couleurs* et *rehaussée* (très légère restauration dans l'angle supérieur gauche).

361. L'Education de Coralye, par T. Gaugain. Très belle épreuve, *imprimée en couleurs* (filet de marge).

NORTHCOTE et SMITH (d'après)

362. *A Visit to the Grandfather* — *A Visit to the Grandmother*. Deux pièces par E. Dayes et J. R. Smith, se faisant pendants. Superbes épreuves, *imprimées en couleurs*.

PERNET (d'après P.)

363. 1re Vue des Environs de Rome, par Guyot. Superbe épreuve, *imprimée en couleurs*.

364. Vues des Environs de Rome. Deux pièces, par De Machy, se faisant pendants. Très belles épreuves, *imprimées en couleurs*.

PETERS (d'après W.)

365. Sophia, par J. Hogg Très belle épreuve, *imprimée en couleurs*, avec rehauts (remmargée).

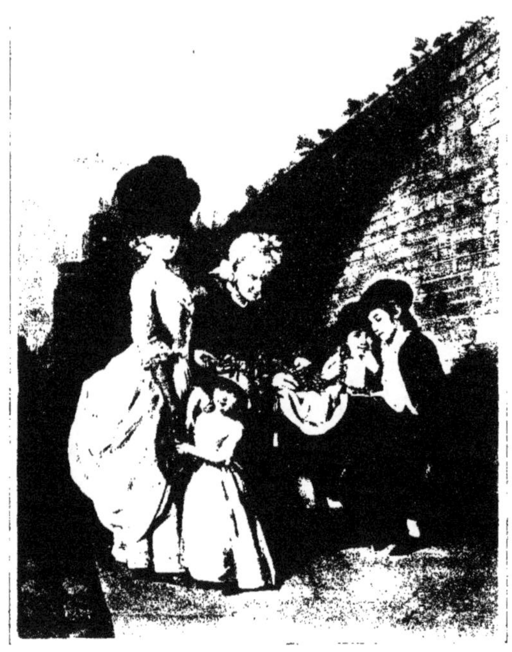

N° 381 du Catalogue.

RAMBERG (d'après J. H.)

366. Les Princesses : *Her Royal Highness the Princess Augusta—Her Royal Higness the Princess Mary —Her Royal Highness the Princess Royal —Her RoyalHigh ness the Princess Elizabeth*. Suite de quatre pièces de forme ovale, par W. Ward, Tomkins et Nutter. Superbes épreuves, *imprimées en couleurs*.

367. *The Amiable Family* — *The Amiable Society*. Deux pièces par Bonnet, se faisant pendants. Belles épreuves, *imprimées en couleurs* (petites restaurations).

RAOUX (d'après Jean)

368. Les Musiciennes, par L. M. Bonnet. Très belle épreuve, *imprimée en couleurs*.

REGNAULT (N. F.)

369. Le Bain — Le Lever. Deux pièces — la première d'après Baudouin — se faisant pendants. Belles épreuves, *imprimées en couleurs* (petite cassure à la 2e pl.).

REYNOLDS (d'après sir Joshua)

370. *The Honourable Miss Bingham*, par F. Bartolozzi, 1786. Très belle épreuve *imprimée en couleurs* (très légères piqûres).

RIDÉ — SERGENT

371. Louis XVI, Roi de France, d'après Benard—Haüy (V.), 1789. Deux pièces. Très belles épreuves, *imprimées en couleurs*.

ROBERT (d'après Hubert)

372. L'Hermite du Colisée, par J. B. Morret. Magnifique épreuve, *avant la lettre, imprimée en couleurs*.

372 *bis*. L'Hermite du Colisée — La Prière interrompue. Deux pièces, par Descourtis et Morret, se faisant pendants. Belles épreuves, *imprimées en couleurs* (mouillures).

RUSSELL (d'après John)

373. *Children feeding Chickens*, par P. W. Tomkins. Superbe épreuve, *imprimée en couleurs*, à toutes marges.

SAINT-AUBIN (d'après Augustin de)

374. L'Heureuse Mère — L'Heureux Ménage (E. B. 412-413). Deux pièces par Sergent et Phelippeaux. Très belles épreuves, *avant toute lettre, imprimées en couleurs*.

375. L'Heureuse Mère — L'Heureux Ménage — La Tendresse Maternelle — La Sollicitude Maternelle (E. B. 412-415). Suite de quatre pièces par Sergent, Phelippeaux, Gautier et Morret. Très belles épreuves, *imprimées en couleurs*.

376. La Jardinière — La Savonneuse (E. B.). Deux pièces par J. B. Morret, se faisant pendants. Très belles épreuves, *avant toute lettre, imprimées en couleurs*.

SCHALL (d'après Frédéric)

377. L'Amant surpris — Les Espiègles. Deux pièces par C. M. Descourtis, se faisant pendants. Magnifiques épreuves, *imprimées en couleurs*.

378. Le Panier renversé, par Beisson. Très belle épreuve, *avant toute lettre, imprimée en couleurs*, avec *légers rehauts*.

379. La Saison des Amours, par A. Le Grand. Très belle épreuve, *imprimée en couleurs*.

380. Histoire de Paul et de Virginie, par C. M. Descourtis. Suite de six pièces. Superbes épreuves, *imprimées en couleurs*.

SERGENT-MARCEAU (A.-F.)

381. Le Prince de Lambesc aux Tuileries. Magnifique épreuve, *avant la lettre, imprimée en couleurs*.

382. Le Peuple parcourant les rues aux flambeaux. Très belle épreuve, *avant la lettre, imprimée en couleurs* (petites épidermures).

383. Les Gardes Françaises repoussant le Royal Allemand, 12 juillet 1789 — Le Duc du Chatelet sauvé par les Gardes Françaises, le 13 juillet 1789. Deux pièces. Très belles épreuves, *imprimées en couleurs*.

SMITH (John-Raphaël)

384. *The Fruit-Barrow*, d'après H. Walton, 1780. Très belle épreuve, *imprimée en couleurs* et *rehaussée*.

385. *What you will — Ce qui vous plaira*. Superbe épreuve, *imprimée en couleurs*.

386. *A Maid — Une Pucelle*. Très belle épreuve, *imprimée en couleurs* et *rehaussée*.

SMITH (d'après J.-R.)

387. *The Mirror.* Très belle épreuve, *imprimée en couleurs.*

SMITH et WARD (d'après)

388. Cecilia, par de Montigny — Louisa, par J.-N. Boillet. Deux pièces formant pendants. Très belles épreuves, *imprimées en couleurs.*

STOTHARD (d'après T.)

389. *The Tenants Family*, par C. Knight. 1792. Superbe épreuve, *imprimée en couleurs avec rehauts.*

TAUNAY (d'après Nicolas-Antoine)

390. Foire de Village — Noce de Village — La Rixe — Le Tambourin. Suite de quatre pièces, par C.-M. Descourtis. Très belles épreuves, *imprimées en couleurs* (petites épidermures restaurées à 2 pl.).

391. Foire de Village — Noce de Village. Deux pièces, réduction des grandes planches, par C.-M. Descourtis, se faisant pendants. Très belles épreuves, *imprimées en couleurs* et *rehaussées.*

VANGORP (d'après Henri Nicolas)

392. Ah qu'il est Joli, par Malles. Très belle épreuve, *imprimées en couleurs.*

393. Le Déjeuner du Fanfan, par Malles. Superbe épreuve, *avant toute lettre, imprimée en couleurs* (très légère épidermure).

394. Combat sur Mère et sur Terre, par Guyot. Superbe épreuve, *imprimée en couleurs.*

395. La Ruse, par Honoré. Très belle épreuve, *imprimée en couleurs.*

VERNET (d'après Carle)

396. La Danse des Chiens, par Levachez fils. Magnifique épreuve, *imprimée en couleurs.*

WATTEAU DE LILLE (d'après L.-J.)

397. L'Attente, par Perrot. Très belle épreuve, *imprimée en couleurs.*

WHEATLEY (d'après François)

398. *The Benevolent Cottager*, par W. Nutter. 1788. Très belle épreuve, *imprimée en couleurs*.

399. *The School door*, par G. Keating, 1798. Très belle épreuve, *imprimée en couleurs*.

WILLE FILS (d'après Pierre-Antoine)

400. Le Miroir consulté, par Géraud Vidal. Superbe épreuve, *imprimée en couleurs*.

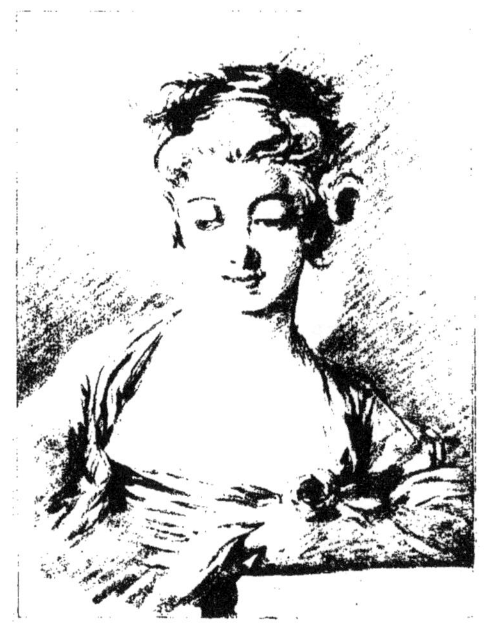

N° [illegible] du Catalogue.

IMPRIMERIE

FRAZIER-SOYE

153-155-157, Rue Montmartre

PARIS

www.ingramcontent.com/pod-product-compliance
Ingram Content Group UK Ltd.
Pitfield, Milton Keynes, MK11 3LW, UK
UKHW021641260726
13994UKWH00003B/1230

9 782329 498287